XAVIER PRIVAS

CHANSONS
CHIMÉRIQUES

CINQUIÈME ÉDITION

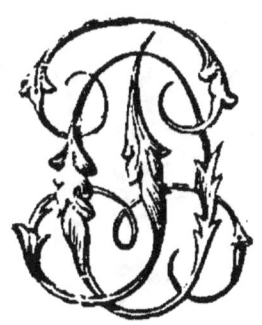

PARIS
SOCIÉTÉ D'ÉDITIONS LITTÉRAIRES ET ARTISTIQUES
Librairie Paul Ollendorff
50, CHAUSSÉE D'ANTIN, 50

1905
Tous droits réservés.

IL A ÉTÉ TIRÉ A PART
CINQUANTE EXEMPLAIRES SUR PAPIER DE HOLLANDE
NUMÉROTÉS A LA PRESSE

CHANSONS
CHIMÉRIQUES

DU MÊME AUTEUR

Pour les Fêtes. 1 vol. (Illustrations de Tardieu.)
  Manuel, Éditeur, 33 rue Joubert.

Chansons Humaines. 1 vol. (Illustrations de Tardieu.)
  Lautens, Éditeur, 18, rue Richelieu.

Chimères et Grimaces. 1 vol. (Illustrations de Tardieu.)
  Ondet, Éditeur, 83, faubourg Saint-Denis.

Chansons Vécues. 1 vol.

Tous droits de traduction, de reproduction et de représentation réservés pour tous les pays, y compris la Suède, la Norvège, la Hollande et le Danemark.

S'adresser pour traiter à la librairie Paul Ollendorff, Chaussée d'Antin, 50, Paris.

A MA MÈRE

En respectueuse offrande de filiale affection.

LES CHIMÈRES

A Armand Silvestre.

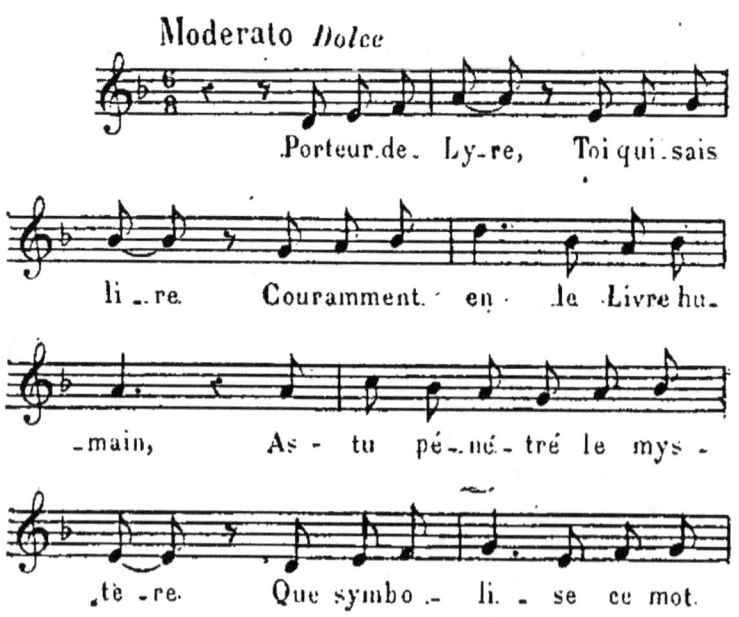

Porteur de Lyre, Toi qui sais lire Couramment en le Livre humain, As-tu pénétré le mystère. Que symbolise ce mot

Chansons chimériques

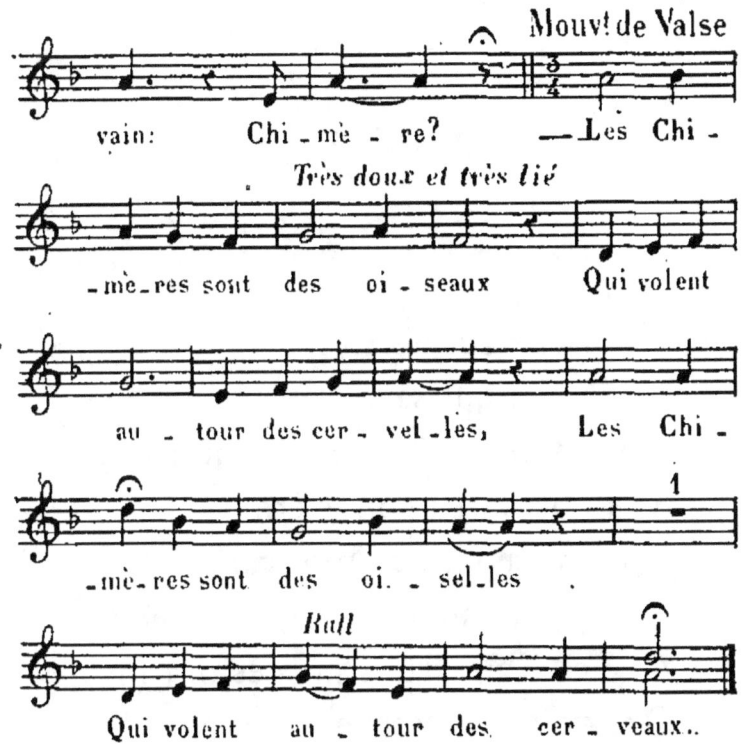

Porteur de Lyre,
Toi qui sais lire
Couramment en le Livre humain,
As-tu pénétré le mystère
Que symbolise ce mot vain :
Chimère ?
— Les Chimères sont des oiseaux
Qui volent autour des cervelles,
Les Chimères sont des oiselles
Qui volent autour des cerveaux.

Glaneur de rêves,
Toi qui t'élèves
Au-dessus des communes lois,
Sais-tu ce que font en notre être
Ces oiseaux légers que tu crois
Connaître ?

— Les Chimères sont des oiseaux
Qui se nichent dans les cervelles,
Les chimères sont des oiselles
Qui se nichent dans les cerveaux.

Prêtre du Verbe,
Au front superbe
D'idéal pur auréolé,
As-tu pénétré le mystère
De la fin de ce monstre ailé :
Chimère ?
— Les Chimères sont des oiseaux
Qui meurent avec les cervelles,
Les Chimères sont des oiselles
Qui meurent avec les cerveaux.

Reproduction autorisée par G. ONDET, éditeur, 83, faubourg Saint-Denis, Paris. — Prix : pour chant seul, 0 fr. 35; avec accompagnement de piano, 1 fr. 35.

CHANSON POUR L'AIMÉE

A Charles Tenib.

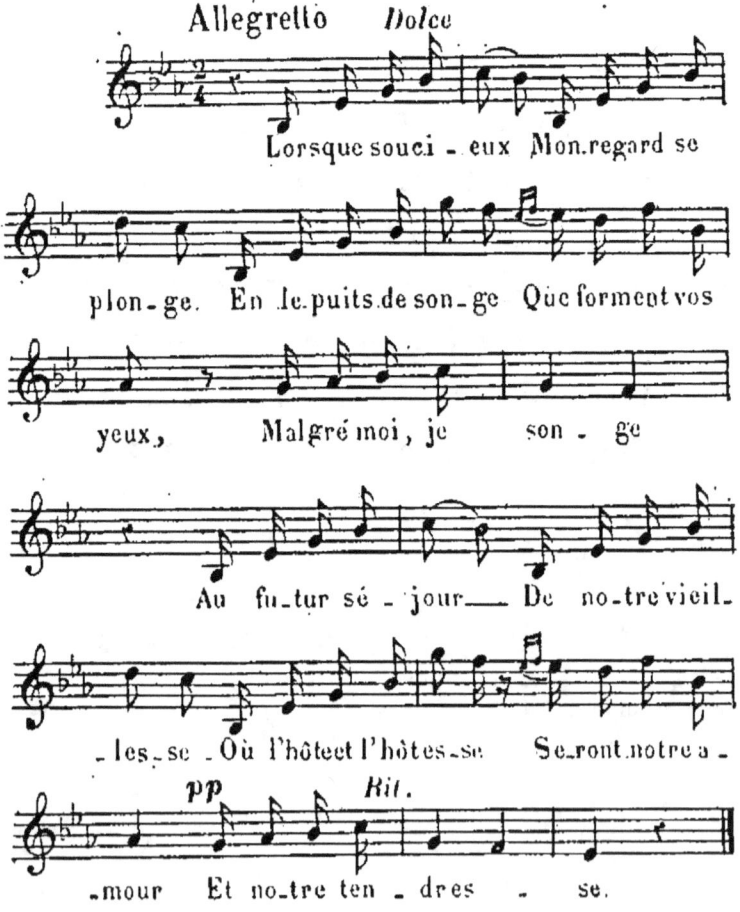

Lorsque soucieux
Mon regard se plonge
En le puits de songe
Que forment vos yeux,
Malgré moi, je songe
Au futur séjour
De notre vieillesse
Où l'hôte et l'hôtesse
Seront notre amour
Et notre tendresse.

Poudrée à frimas,
Peut-être encor grise,
Vous serez exquise
Sous vos falbalas
De vieille marquise;

Car pertinemment,
Maîtresse, je gage
Que votre visage
Restera charmant
En dépit de l'âge.

La main dans la main,
Pour fuir chaque ornière
Nous ferons, ma chère,
Du vital chemin
L'étape dernière ;
Et pour subvertir
L'ennui que sans doute
Le vieillard redoute,
L'hymne Souvenir
Egaiera la route.

Lors un doux parfum
Grisera notre âme :
Ce sera, Madame,
Du plaisir défunt
Le subtil dictame

Et sous ce joli
Pied fin où se pose
Ma lèvre déclose,
Fleurira l'oubli
Du passé morose.

Car lorsqu'il est vieux,
Le vrai sage oublie
Que jusqu'à la lie
Il but en le creux
Des coupes de vie;
Mais comme il convient
Qu'un jour il revoie
Sa mortelle voie,
Lors il se souvient
De l'oasis Joie.

Mais il faut laisser,
Maîtresse jolie,
Comme une folie
Fuir ce doux penser
De mélancolie

Et rester charmés
A cette heure même
Par notre poème,
Puisque vous m'aimez
Et que je vous aime.

Reproduction autorisée par G. ONDET, éditeur, 83, faubourg Saint-Denis, Paris. — Prix : pour chant seul, 0 fr. 35 ; avec accompagnement de piano, 1 fr. 35.

THURIFÉRAIRES

A E. Ledrain.

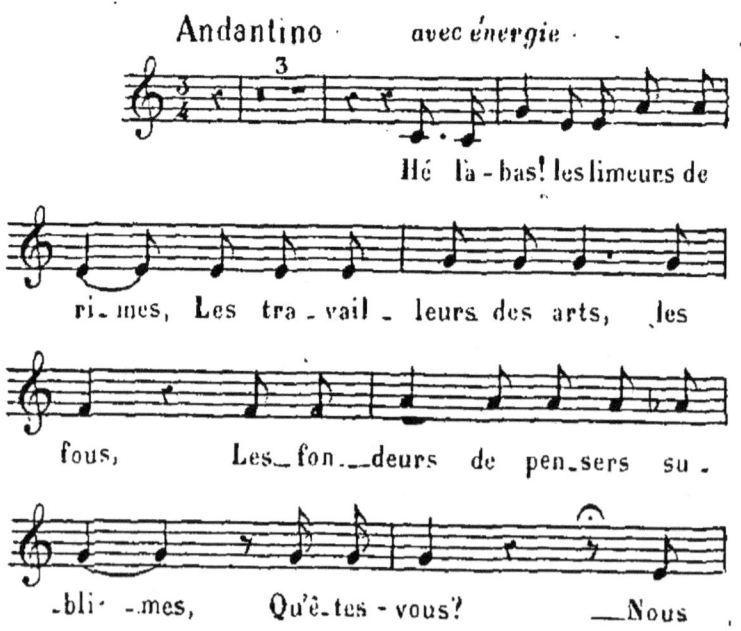

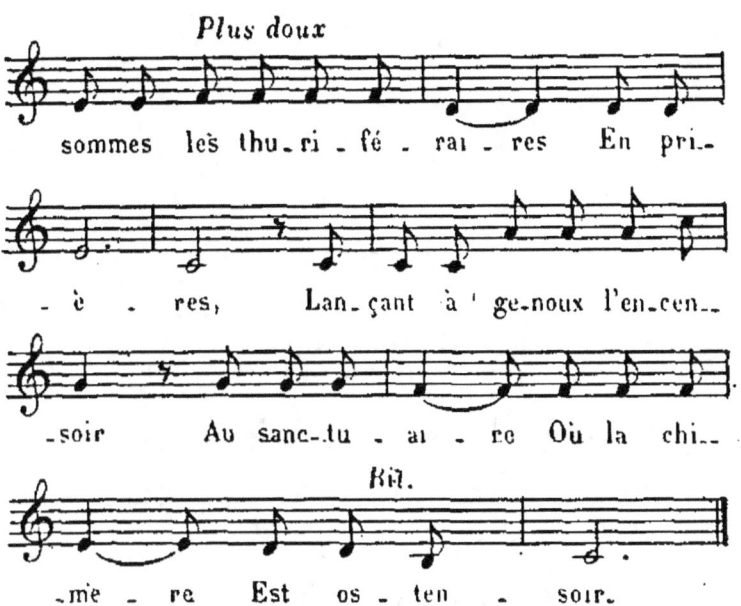

Hé là-bas ! les limeurs de rimes,
Les travailleurs des arts, les fous,
Les fondeurs de pensers sublimes
    Qu'êtes-vous ?
— Nous sommes les thuriféraires
    En prières,
Lançant à genoux l'encensoir
    Au sanctuaire
    Où la Chimère
    Est ostensoir.

Hé là-bas ! les rêveurs pudiques,
Les amoureux transis, les doux
Chercheurs de plaisirs platoniques
    Qu'êtes-vous ? —

Nous sommes les thuriféraires
  En prières,
Lançant à genoux l'encensoir
  Dans la chapelle
  Où cœur fidèle
  Est ostensoir.

Hé là-bas ! les amants lubriques
Et les coureurs de guilledous,
Les sensuels, les impudiques,
  Qu'êtes-vous ? —
Nous sommes les thuriféraires
  En prières,
Lançant à genoux l'encensoir
  Sans retenue
  Vers la chair nue
  Pour ostensoir.

Hé là-bas ! les clowns et paillasses,
Les charlatans et les filous,
Et tous les pitres à deux faces,
  Qu'êtes-vous ? —

Thuriféraires

Nous sommes les thuriféraires
   En prières,
Lançant à genoux l'encensoir
    Dans une église
    Où la bêtise
    Est ostensoir.

Hé là-bas ! les chefs de ripailles,
Les noceurs assoiffés et tous
Les gais défonceurs de futailles
    Qu'êtes-vous ? —
Nous sommes les thuriféraires
   En prières,
Lançant à genoux l'encensoir
    Devant la vieille
    Dive bouteille
    Pour ostensoir.

Hé là-bas ! les êtres à vendre
Et les joueurs et les grigous
Et tous les usuriers à pendre,
    Qu'êtes-vous ? —

Nous sommes les thuriféraires
      En prières,
Lançant à genoux l'encensoir
      Dans un asile
      Où l'or en pile
      Est ostensoir.

Hé là-bas ! les gens de bataille
Des lauriers des héros jaloux,
Frappeurs d'estoc, frappeurs de taille,
      Qu'êtes-vous ? —
Nous sommes les thuriféraires
      En prières,
Lançant à genoux l'encensoir
      Dans l'oratoire
      Où toute gloire
      Est ostensoir.

Hé là-bas ! les gueux sans asile,
Crève-faim sans mailles ni sous,
Et tous les Robinsons sans île,
      Qu'êtes-vous ? —

Nous sommes les thuriféraires
En prières,
Lançant à genoux l'encensoir
Sans paix ni trêve
Vers la Mort brève
Pour ostensoir.

JOUBERT, éditeur, rue d'Hauteville, 25.

AU GUI L'AN NEUF

A André Vermare.

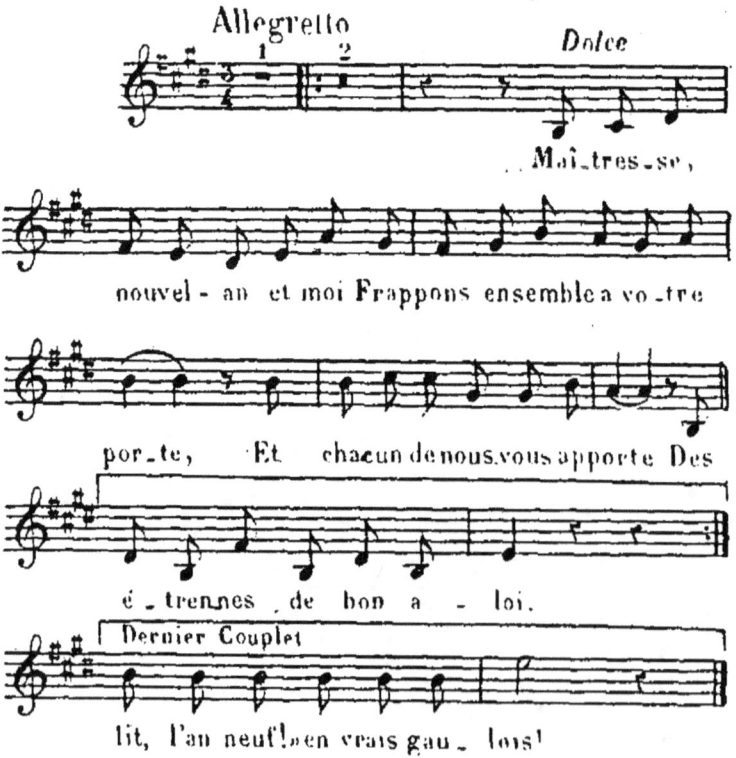

Maîtresse, Nouvel An et moi
Frappons ensemble à votre porte
Et chacun de nous vous apporte
Des étrennes de bon aloi.

Maîtresse, Nouvel An, je crois,
Est un aimable camarade,
De caractère point maussade
Et d'esprit subtil et courtois.

Maîtresse, je l'ai rencontré
A l'heure où l'aube ressuscite,
J'avais la mine déconfite
D'un galant fort désespéré.

Maîtresse, charitablement
Nouvel An m'a dit : « Mon compère,
« Corbleu ! qu'avez-vous donc à faire
« Cette mine d'enterrement ? »

Maîtresse, j'ai pleuré, disant :
« C'est qu'est vide mon escarcelle
« Et que ne puis faire à ma belle
« Modeste et délicat présent. »

Maîtresse, Nouvel An bénin
M'a répondu : « Pauvre timide,
« Qu'importe que bourse soit vide
« A doux amant quand cœur est plein ! »

Maîtresse, voilà donc pourquoi,
Après avoir fait connaissance,
A votre porte en confiance,
Nous frappons Nouvel An et moi.

Maîtresse, ouvrez à votre amant
Qui vous offre avec ses caresses
Toutes les gammes des tendresses
Que module son cœur aimant.

Maîtresse, ouvrez à Nouvel An
Pour qu'à vos petits pieds il pose
Douze longs mois couleur de rose,
Exquis cadeau de courtisan.

Maîtresse, il faut absolument,
Sans le moindre des artifices,
Par le plus doux des sacrifices
Honorer cet hôte charmant.

Maîtresse, pour dolmen de choix
Usons de votre couche prête,
Et poussons ce cri de conquête :
« Au lit, l'an neuf, en vrai gaulois ! »

MANUEL, éditeur, 33, rue Joubert.

LES RUINES

A Bondouresque.

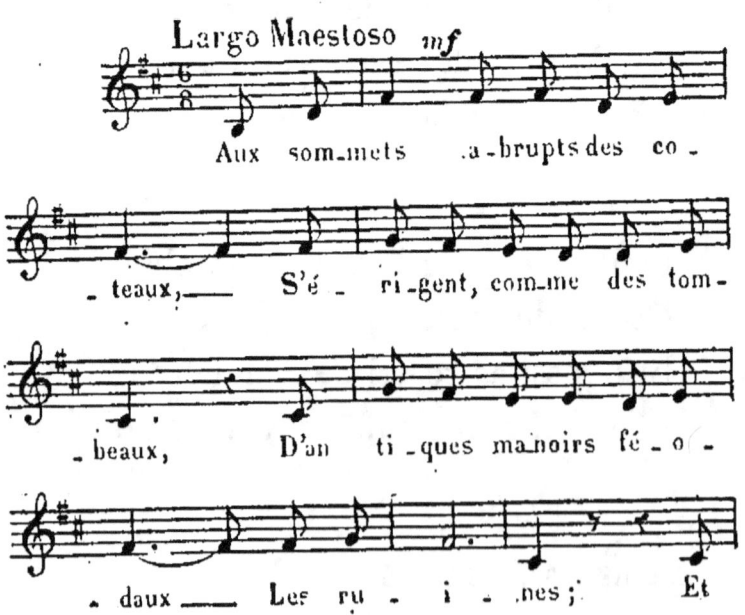

Largo Maestoso *mf*

Aux som_mets .a_brupts des co_teaux,___ S'é_ ri_gent, com_me des tom_beaux, D'an_ti_ques ma_noirs fé_o_daux___ Les ru_i_nes; Et

24   *Chansons chimériques*

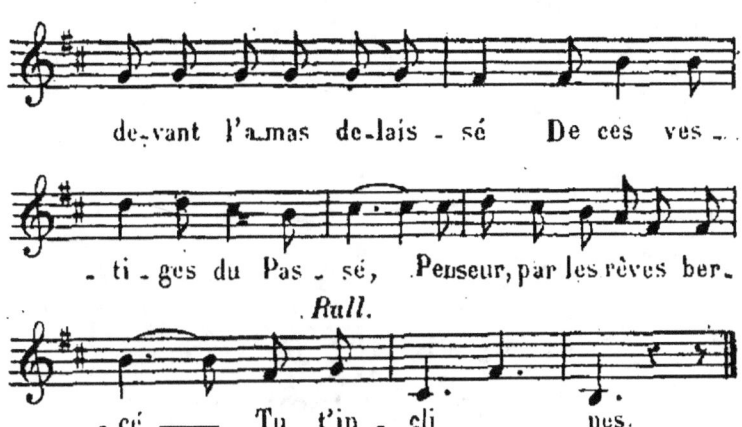

Aux sommets abrupts des coteaux
S'érigent comme des tombeaux,
D'antiques manoirs féodaux
    Les ruines,
Et devant l'amas délaissé
De ces vestiges du passé,
Penseur, par les rêves bercé,
    Tu t'inclines.

Et tu songes pieusement
Qu'en cet ensevelissement
Sommeille l'amoncellement
    D'une histoire
Que vécurent, au temps jadis,
Nobles dames, fiers Amadis,
Et que tu tranchas, Lachésis,
    En sa gloire.

Poursuivant alors ton chemin,
Penseur, tu te dis que l'Humain
Et le Terrestre ont un destin
    Périssable ;
Et qu'amours, richesses, beautés,
Orgueilleuses félicités,
Ne sont que palais enchantés
    Sur le sable.

Et tu songes que les cerveaux,
Donjons des pensers géniaux,
Tels les manoirs seigneuriaux
    Des collines,
S'effondrent dans le trou béant
De l'impénétrable Néant
Que garde l'Oubli, ce géant
    Des ruines !

Reproduction autorisée par G. ONDET, éditeur, 83, faubourg Saint-Denis, Paris. — Prix : pour chant seul. o fr. 35 ; avec accompagnement de piano, 1 fr.

BERCEUSE

Au vicomte Esdouhard.

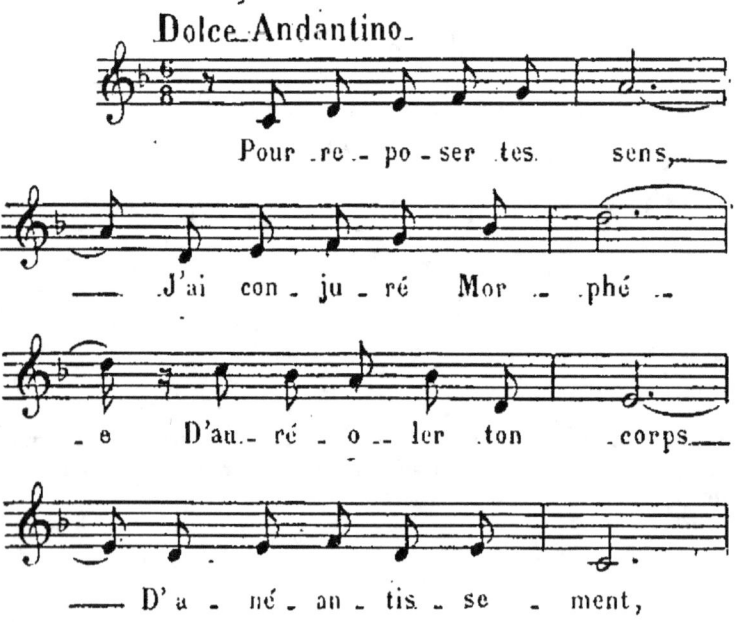

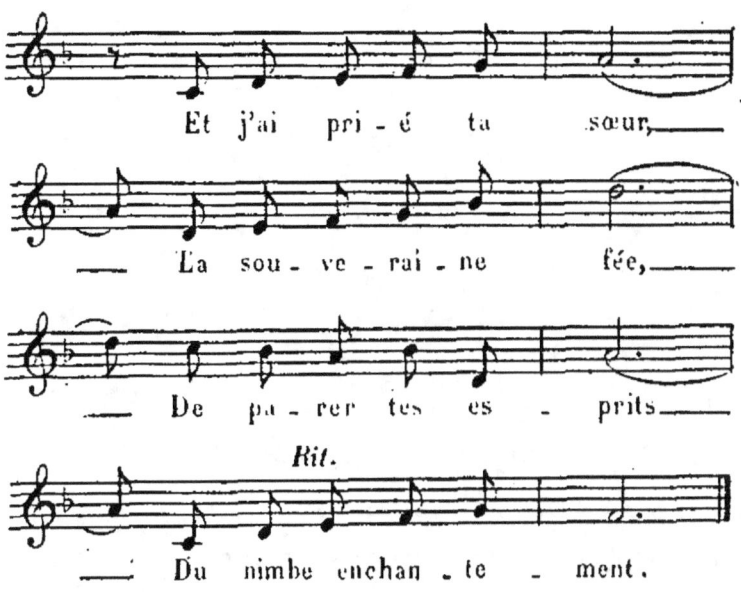

Pour reposer tes sens, j'ai conjuré Morphée
D'auréoler ton corps d'anéantissement,
Et j'ai prié ta sœur, la souveraine fée,
De parer tes esprits du nimbe « Enchantement ».

Et voici que le dieu, cédant à ma prière,
Te jette inanimée en le nid de mes bras,
Et que sous mon baiser ne s'ouvre ta paupière
Et que le mot « aimer » ne te réveille pas !

Pour ne point te troubler ma voix se fait plus douce,
Ma caresse plus sobre en mon geste affaibli,
Et je veille sur toi cependant que te pousse
Le souffle du sommeil sur l'océan d'oubli !

Ne pas se souvenir est souvent une joie !
L'heure de la douleur sonne si fréquemment,
Qu'il est bon, par instants, de déserter la voie
Que le soleil d'amour n'embrase qu'un moment !

Livre-toi donc, amie, au caprice des songes
Qui pour toi vont ouvrir leurs Edens enchantés :
Car ici-bas, vois-tu, mensonges pour mensonges,
Les rêves sont plus doux que les réalités !

Reproduction autorisée par G. ONDET, éditeur, 83, faubourg Saint-Denis, Paris. — Prix : pour chant seul, 0 fr. 35 ; avec accompagnement de piano, 1 fr. 35.

CHANSONS DES BIBELOTS

A Pierre Trimouillat.

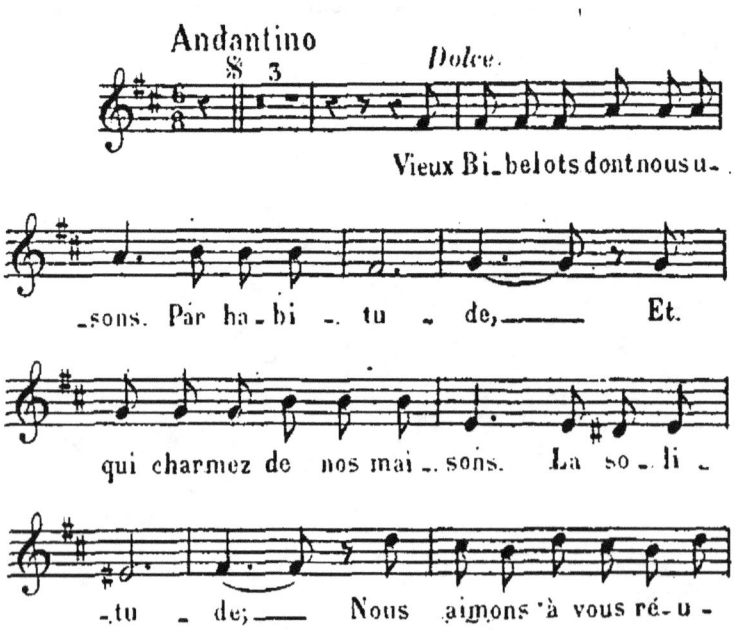

Chansons chimériques

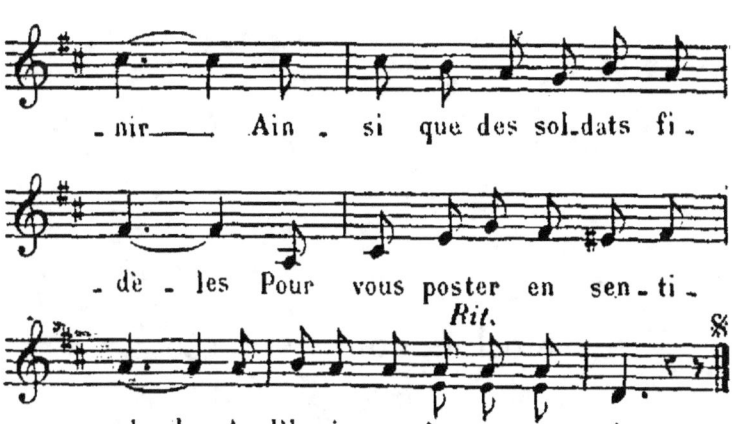

Vieux bibelots dont nous usons
    Par habitude,
Et qui charmez de nos maisons
    La solitude,
Nous aimons à vous réunir
Ainsi que des soldats fidèles,
Pour vous poster en sentinelles
A l'horizon du souvenir.

Vieux bibelots qui garnissez
    Nos étagères,
Chers objets sur elles classés
    Par des mains chères,
Vous êtes bien, en vérité,
Les plus sincères camarades,
Fidèles dans les jours maussades
Comme dans les jours de gaîté.

Vous êtes, ô vieux bibelots,
　　Les vrais poèmes
Des rires, des pleurs, des sanglots
　　Et des blasphèmes ;
Car tour à tour vous rappelez
A nos vagabondes pensées
Plaisirs d'antan, peines passées,
Châteaux en Espagne écroulés !

GALLET, éditeur, rue Vivienne, 6.

ÉPIPHANIE

A Gaston Sécot.

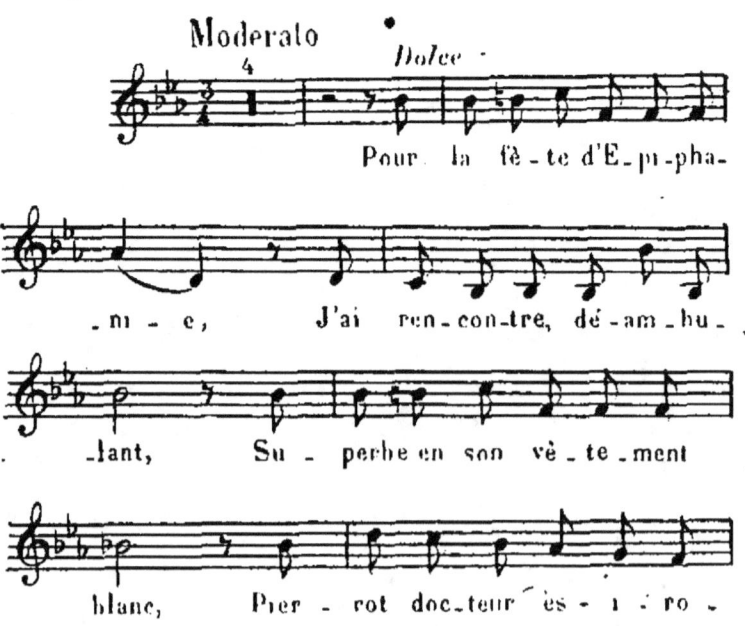

Pour la fê-te d'É-pi-pha-
-m-e, J'ai ren-con-tre, dé-am-bu-
-lant, Su-perbe en son vê-te-ment
blanc, Pier-rot doc-teur ès-i-ro-

Chansons chimériques

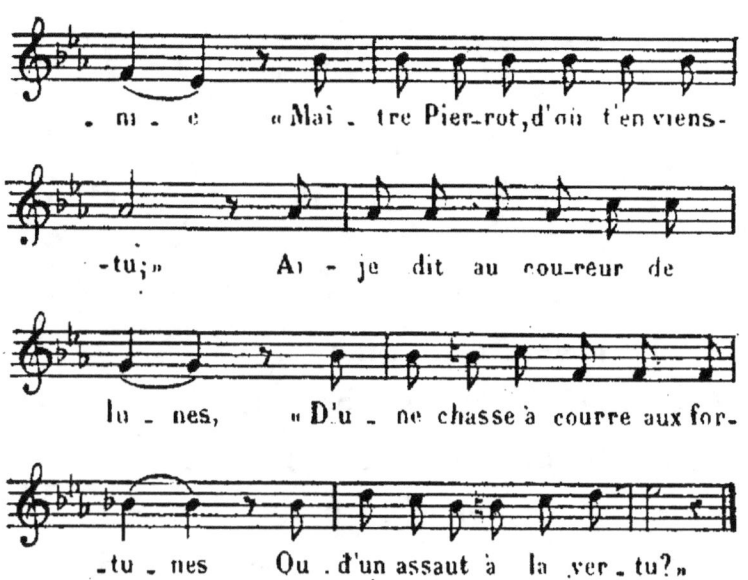

... ni ... e « Maî ... tre Pier-rot, d'où t'en viens-tu; » Ai - je dit au cou-reur de lu ... nes, « D'u ... ne chasse à courre aux for-tu ... nes Ou ... d'un assaut à la ver ... tu? »

Pour la fête d'Épiphanie,
J'ai rencontré, déambulant,
Superbe en son vêtement blanc,
Pierrot, docteur ès ironie.
« Maître Pierrot, d'où t'en viens tu ? »
Ai-je dit au coureur de lunes :
« D'une chasse à courre aux fortunes
« Ou d'un assaut à la vertu ? »

« — Pour la fête d'Epiphanie, »
M'a dit Pierrot l'air consterné,
« J'ai fait à certain nouveau-né
« Visite de cérémonie ;
« Or, c'est un dieu des plus puissants
« Et j'ai dû pour lui rendre hommage
« Lui porter tout comme un roi mage
« Et la myrrhe et l'or et l'encens. »

« Pour la fête Épiphanie,
« J'ai pris pour or le seul louis
« Égayant de son coloris
« Ma pauvre bourse dégarnie,
« Et j'ai fait deux coûteux emprunts
« Pour acquérir myrrhe, encens, baume ;
« A mon cœur j'ai pris son arome,
« A mon esprit tous ses parfums. »

« Pour la fête d'Epiphanie,
« J'ai marché droit vers le Saint Lieu
« Où sommeille le petit dieu
« Au fond de sa crèche bénie ;
« Or cet enfant, dont j'ai, ce jour,
« Fêté la naissance divine,
« Dort au cœur d'une Colombine
« Et n'est autre qu'un dieu d'amour. »

« Pour la fête d'Épiphanie,
« J'ai donc adoré ce dieu-né,
« Et de mon air si consterné
« Voici la cause définie :

« Quand je dépose mon trésor
« Aux pieds d'Amour pour qu'il l'admire,
« Il dédaigne l'encens, la myrrhe,
« Et ne prend que la pièce d'or ! »

MANUEL, éditeur, rue Joubert, 33.

CHANSON EN L'HONNEUR DU VIN

A Jules Claretie.

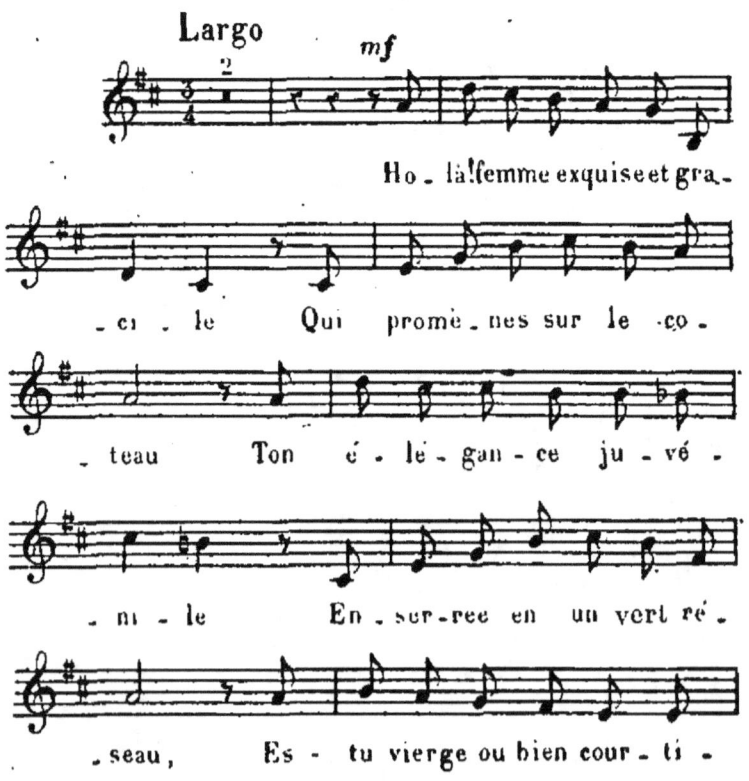

Ho - là! femme exquise et gra-cile Qui promè-nes sur le co-teau Ton é-lé-gan-ce ju-vé-ni-le En-ser-rée en un vert ré-seau, Es - tu vierge ou bien cour-ti-

Chansons chimériques

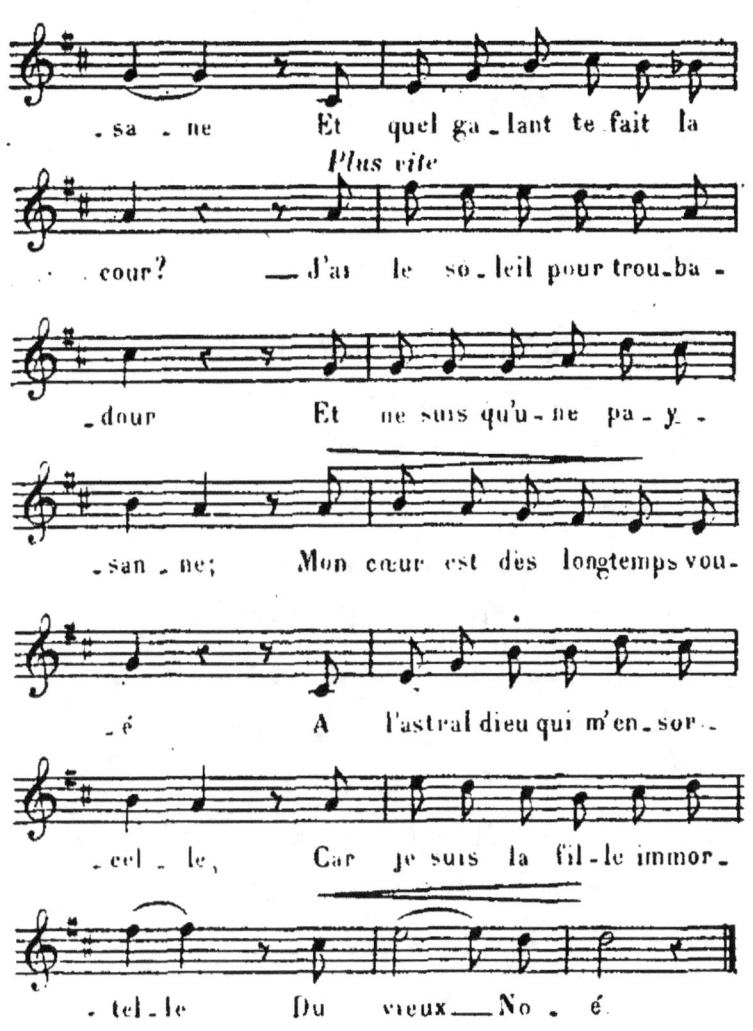

Holà ! femme exquise et gracile
Qui promènes sur le coteau
Ton élégance juvénile
Enserrée en un vert réseau,
Es-tu vierge ou bien courtisane
Et quel galant te fait la cour ?
— J'ai le soleil pour troubadour
Et ne suis qu'une paysanne.
Mon cœur est, dès longtemps, voué
A l'astral Dieu qui m'ensorcelle,
Car je suis la fille immortelle
      Du vieux Noé !

Holà ! jouvencelet superbe,
Dont sont faits de ceps les pipeaux,
Et qui vas épandant la gerbe
De tes lieds clairs emmi les hauts

Pics des gaietés surnaturelles,
Es-tu ménestrel ou pastour ?
— Je suis ménétrier d'amour
Et je fais valser les cervelles ;
De tenir les cœurs en éveil
Par mes chansons, j'ai la consigne,
Je suis le Vin, fils de la Vigne
      Et du Soleil.

Holà ! damoiselle au doux rire,
Ayant des pampres pour cheveux
Et recélant toute la lyre
Des voluptés au fond des yeux,
Es-tu gnomide, femme ou fée ?
Es-tu mortelle ou déité ? —
— Je suis le rythme de beauté
Et je sais mieux chanter qu'Orphée !
C'est au ciel du bonheur humain
Qu'étoile d'amour, je flamboie,
Car je suis l'enivrante Joie,
      Fille du Vin.

DROIT D'ASILE

A Mademoiselle Félicia Mallet.

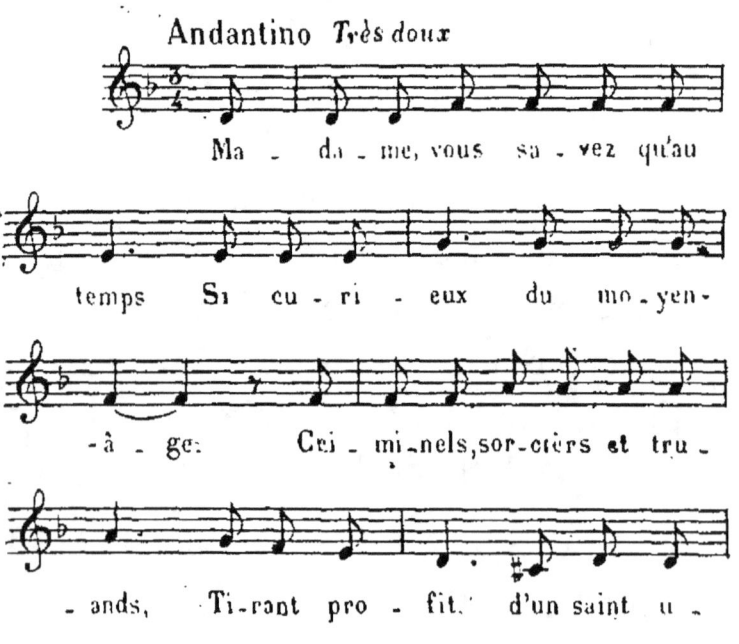

Ma_da_me, vous sa_vez qu'au temps Si cu_ri_eux du mo_yen_à_ge; Cri_mi_nels, sor_ciers et tru_ands, Ti_rant pro_fit d'un saint u_

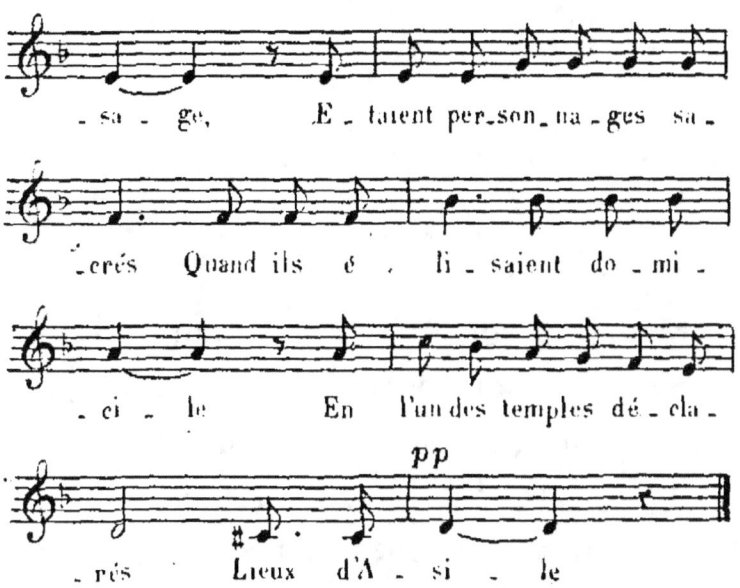

Madame, vous savez qu'au temps
Si curieux du moyen âge,
Criminels, sorciers et truands,
Tirant profit d'un saint usage,
Etaient personnages sacrés
Quand ils élisaient domicile
En l'un des temples déclarés
  Lieux d'asile.

Madame, ainsi qu'un vagabond
Poursuivi par le populaire,
Un petit amour, d'un seul bond,
A pris mon cœur pour sanctuaire ;
Je voulus le congédier,
Mais ce me fut fort difficile,
Lorsque je l'entendis crier :
  « Droit d'asile ! »

Madame, si je deviens fou,
Ce sera sûrement sa faute ;
Car depuis l'instant fatal où
Ce polisson devint mon hôte,
Il ne se passe pas un jour
  Qu'il ne meurtrisse et ne mutile
Le pauvre cœur qu'il a pris pour
      Lieu d'asile.

Madame, il faut que sans façon
Et sans pitié je me décide
A chasser ce méchant garçon
Qui rend mon cœur si peu solide.
Las ! madame, si dans ce cas
Au fond du vôtre il se faufile,
Alors, ne lui refusez pas
      Droit d'asile !

GRUS, éditeur, boulevard Malesherbes

GRISETTES

A Madame de Kerven.

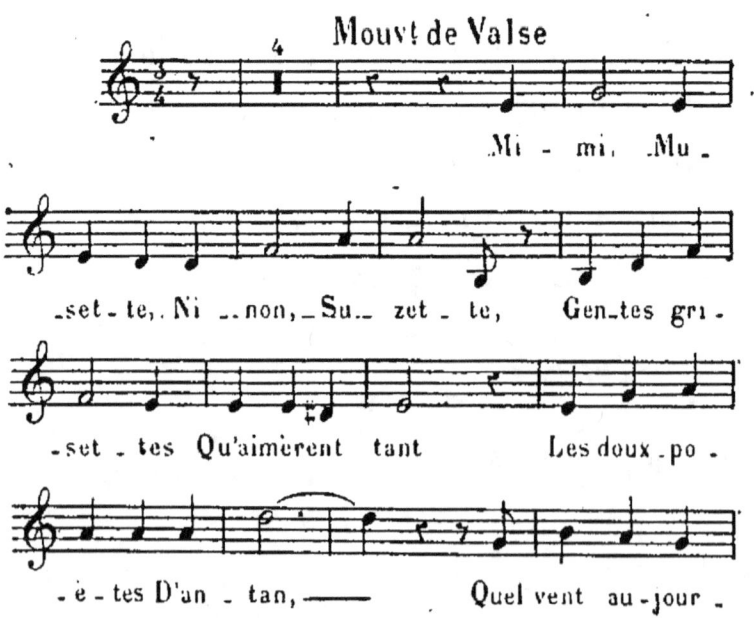

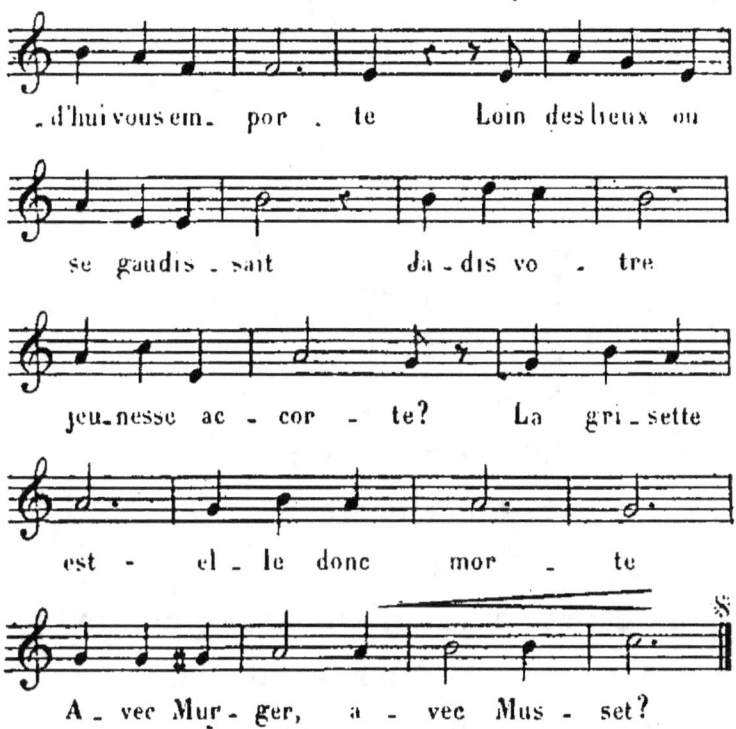

Mimi, Musette,
Ninon, Suzette,
Gentes grisettes
Qu'aimèrent tant
Les doux poètes
D'antan,
Quel vent aujourd'hui vous emporte
Loin des lieux où se gaudissait
Jadis votre jeunesse accorte ?
La grisette est-elle donc morte
Avec Murger, avec Musset ?

Mimi, Musette,
Ninon, Suzette,
Las ! qui n'implore
Votre retour
Comme une aurore
D'amour !

Car vous aviez la fantaisie
Qui manque à la stupide fin
De ce siècle de bourgeoisie;
Car vous étiez la poésie
Des pays bohème et latin.

 Mimi, Musette,
 Ninon, Suzette,
 Une grisette
 Est en souci
 Qui vous regrette
  Aussi.
Elle a l'âme tout endeuillée
Du trépas de Mimi Pinson;
Sa paupière est de pleurs mouillée
Et sa douce voix est rouillée;
C'est votre sœur, c'est la Chanson.

 Mimi, Musette,
 Ninon, Suzette,
 Des brutes sottes
 Ont maintes fois
 Mis à ses cottes
  Leurs doigts...

Et malhabile à se défendre,
Seule, sans force, sans appui,
La belle a dû se laisser prendre
Et mettre aux enchères et vendre
Comme les filles d'aujourd'hui !

  Mimi, Musette,
  Ninon, Suzette,
  De fiers poètes
  Qui s'armeront
  Pour les conquêtes
   Viendront.
Ils auront d'idéal une ample
Et mystique et saine moisson
Et prêcheront le bon exemple
En chassant les Vendeurs du Temple
Où s'encanaille la Chanson.

PATAY, éditeur, passage Brady, 79.

CARNAVAL

A Victor Tardieu.

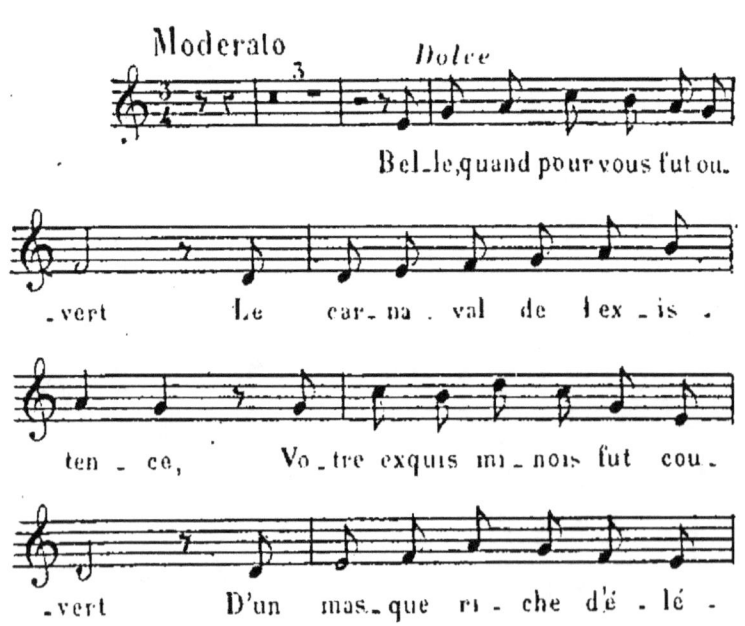

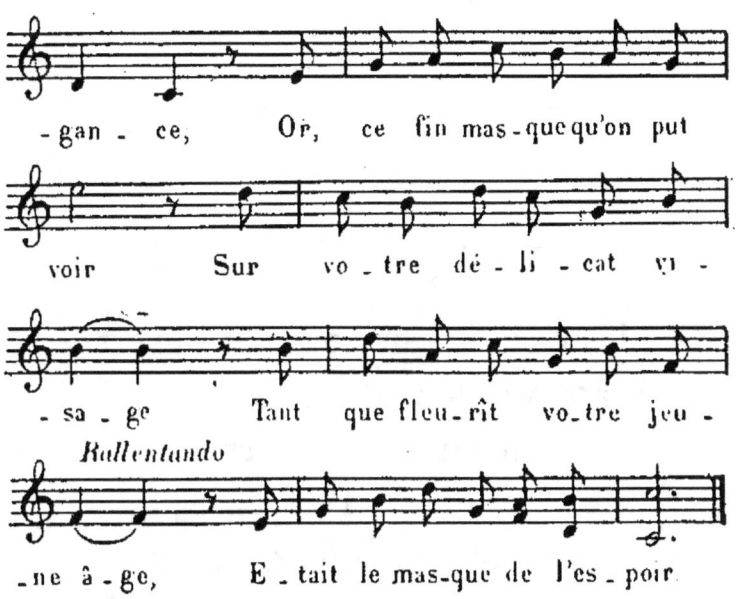

Belle, quand pour vous fut ouvert
Le carnaval de l'existence,
Votre exquis minois fut couvert
D'un masque riche d'élégance ;
Or, ce fin masque qu'on put voir
Sur votre délicat visage
Tant que fleurît votre jeune âge,
Était le masque de l'Espoir.

Belle, il bat aujourd'hui son plein
Le carnaval de votre vie ;
De vous soucier de demain
Vous n'avez point encore envie ;
Mais priez que soit loin le jour
Où se terminera la fête :
Qu'on puisse voir sur votre tête
Longtemps le masque de l'Amour.

Belle, quand pour vous finira
Le carnaval de l'existence,
Une main vous arrachera
Masques d'Amour et d'Espérance,
Et cette lourde main du sort,
Belle, vous clouera sur la face
Le dernier masque qu'elle place,
Le masque effrayant de la Mort.

MANUEL, éditeur, rue Joubert, 33.

CHANSON PAILLARDE

A J.-L. De Praz.

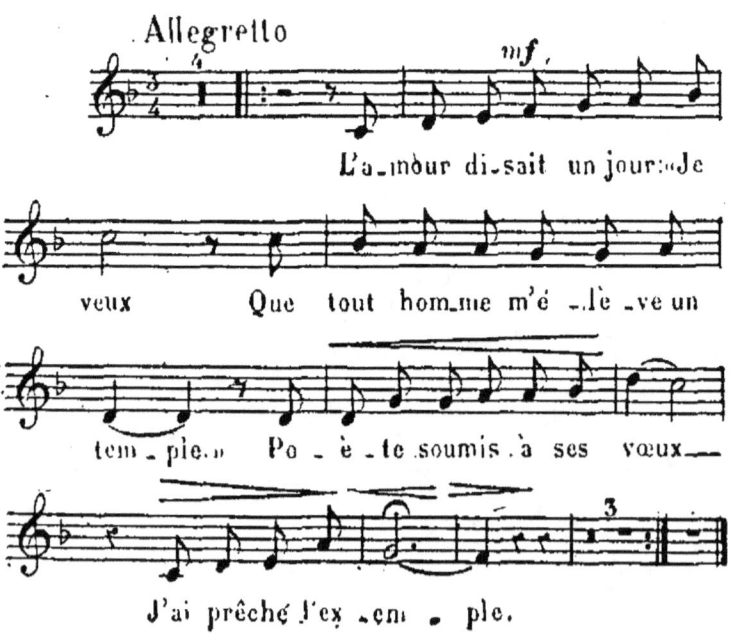

L'Amour disait un jour : « Je veux
« Que tout homme m'élève un temple. »
Poète soumis à ses vœux
    J'ai prêché l'exemple.

Lors, j'ai choisi comme terrain
Pour édifier mon église,
Le petit lit, coquet écrin,
    Où repose Lise.

Lors, gente Lise m'a donné
Pour pilier de mon édifice
Le marbre élégamment veiné
    De sa fine cuisse,

La fossette de son menton
Pour voûte de mon sanctuaire
Et la pointe de son téton
    Pour paratonnerre.

Lors, j'ai pris à Lise ses yeux
Pour vitraux de mon oratoire,
Fait un tapis de ses cheveux
    Aux reflets de moire.

Lors, j'ai pris à Lise ses dents
Et m'improvisant lapidaire,
En ai taillé des diamants
    Pour mon reliquaire.

Lors, j'ai choisi pour saint autel
Le plus secret joyau de Lise,
Et j'ai lu l'office au missel
    De la paillardise.

Reproduction autorisée par G. ONDET, éditeur, 83 faubourg Saint-Denis, Paris. — Prix : pour chant seul, o fr. 35 avec accompagnement de piano, 1 fr.

CHANSON DU CŒUR

A Yvanhoé Rambosson.

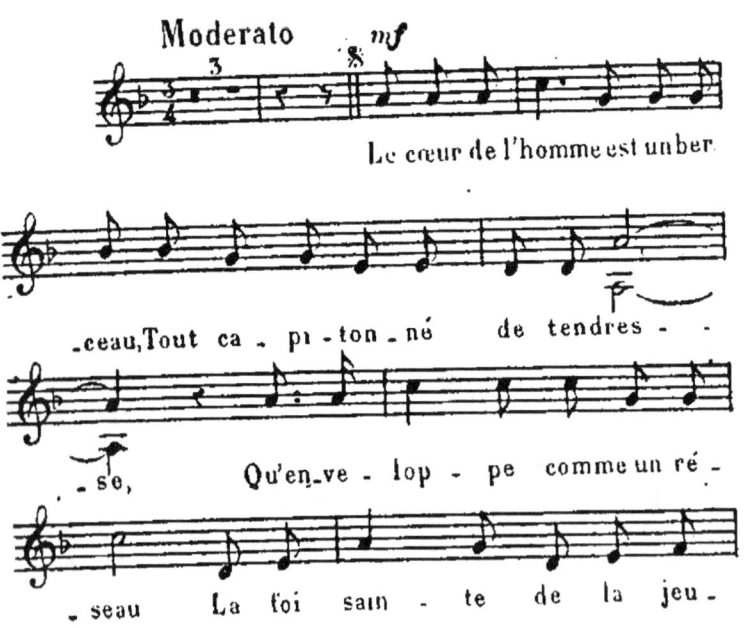

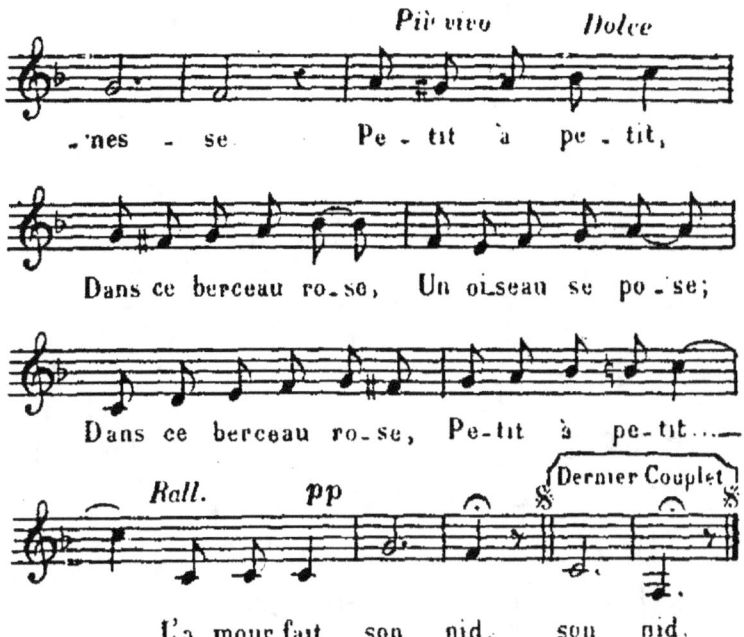

Le cœur de l'homme est un berceau,
Tout capitonné de tendresse,
Q'enveloppe comme un réseau
La foi sainte de la jeunesse;
    Petit à petit,
    Dans ce berceau rose,
    Un oiseau se pose ;
    Dans ce berceau rose,
    Petit à petit...
    L'Amour fait son nid.

Le cœur de l'homme est un vaisseau
Qui vogue, vogue à l'aventure
A toutes voiles sur une eau
Faite de joie et de torture;

Petit à petit,
Dans sa voile grise,
Que gonfle la brise,
Dans sa voile grise,
Petit à petit....
L'Ennui fait son nid.

Le cœur de l'homme est un tombeau
Fait de dégoûts et de colères
Dont on a construit le caveau
Avec les rancunes amères ;
Petit à petit,
Dans ce tombeau sombre,
Environné d'ombre,
Dans ce tombeau sombre,
Petit à petit....
La Mort fait son nid.

GALLET, éditeur, rue Vivienne, 6.

CENDRES

A Violette Dechaume.

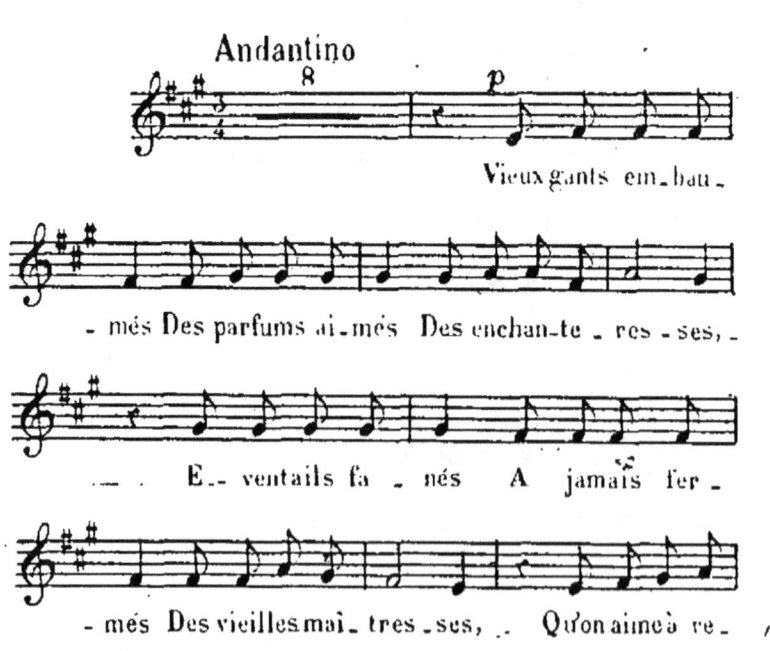

Chansons chimériques

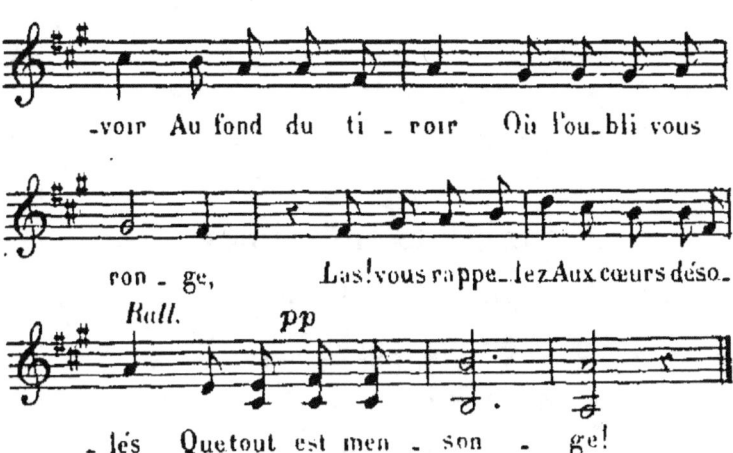

-voir Au fond du ti-roir Où l'ou-bli vous ron-ge, Las! vous rappe-lez Aux cœurs déso-lés Que tout est men-son-ge!

Vieux gants embaumés
Des parfums aimés
Des enchanteresses,
Éventails fanés
A jamais fermés
Des vieilles maîtresses,
Qu'on aime à revoir
Au fond du tiroir
Où l'oubli vous ronge,
Las ! vous rappelez
Aux cœurs désolés
Que tout est mensonge !

Cheveux réunis
Par des bouts jaunis
De vieilles dentelles,
Billets défraîchis
Et portraits blanchis
Des anciennes belles,

Qu'on aime à revoir
Au fond du tiroir
Qui vous sert de bière,
Las ! vous rappelez
Aux cœurs désolés
Que tout est poussière !

Fantômes lointains
Des rêves éteints
Que la vie emporte
Et que l'on entend
Tout en sanglotant
Frapper à sa porte,
O spectres d'amour
Qu'enfante en un jour
La désespérance,
Las ! vous rappelez
Aux cœurs désolés
Que tout est souffrance !

MANUEL, éditeur, rue Joubert, 33.

HANNETON VOLE, VOLE, VOLE

A Georges Tarchier.

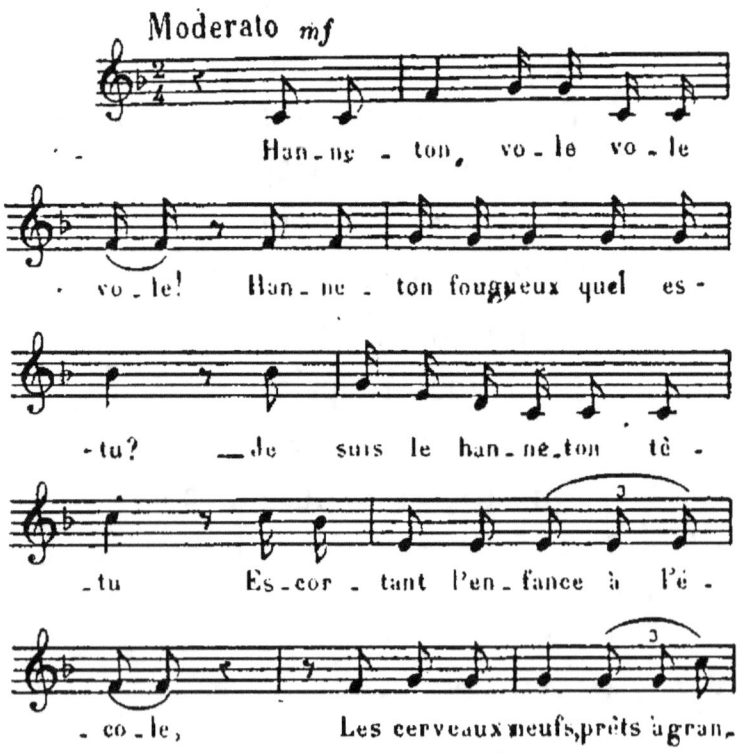

Chansons chimériques

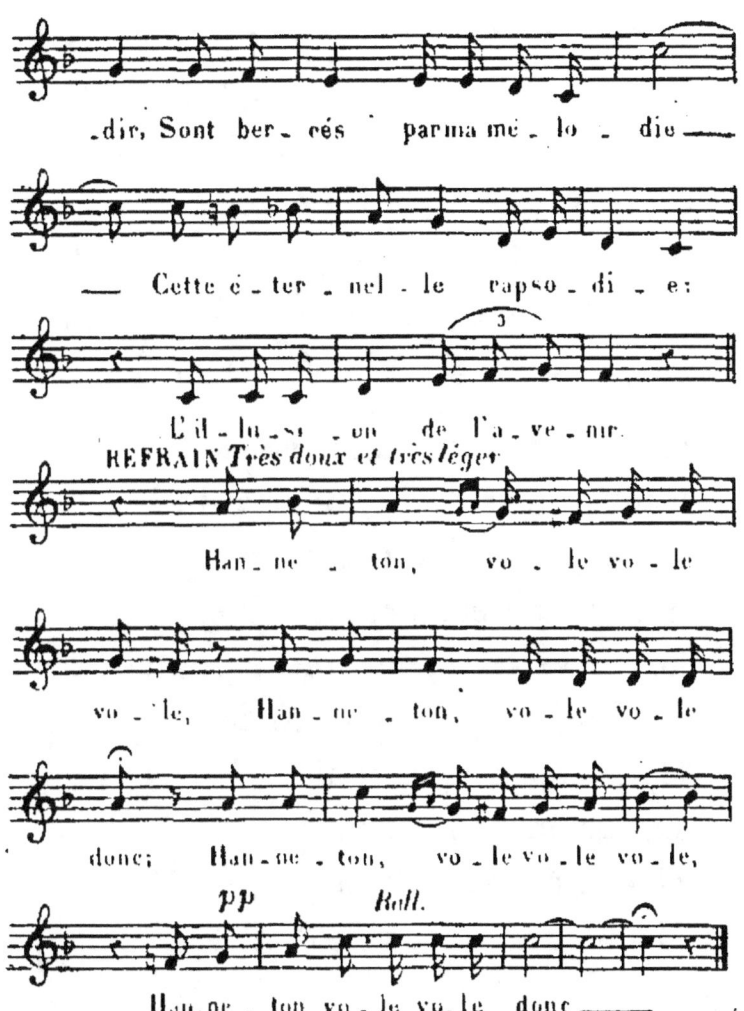

Hanneton, vole, vole, vole,
Hanneton fringant, quel es-tu?
— Je suis le hanneton têtu
Escortant l'enfance à l'école.
Les cerveaux neufs prêts à grandir,
Sont bercés par ma mélodie,
Cette éternelle rapsodie,
L'illusion de l'avenir.
Hanneton, vole, vole, vole.
Hanneton, vole, vole donc !

Hanneton, vole, vole, vole.
Hanneton fougueux, quel es-tu?
— Je suis le hanneton connu
De la jeunesse sage ou folle.

Je rends visite, tour à tour,
Aux effervescentes cervelles
Pour leur dire sur mon bruit d'ailes
Le doux poème de l'amour.
Hanneton, vole, vole, vole,
Hanneton, vole, vole donc.

Hanneton, vole, vole, vole,
Hanneton vieillot, quel es-tu ?
— Je suis le hanneton fourbu
Dont le bourdonnement console.
Autour des vieux cerveaux cassés,
Par intervalles je bourdonne
En prose gaie ou monotone,
Le souvenir des jours passés !
Hanneton, vole, vole, vole,
Hanneton, vole, vole donc.

HIÉLARD, éditeur, rue Turgot, 23.

POUR BLONDES ET BRUNES

A Blanche Laurianne.

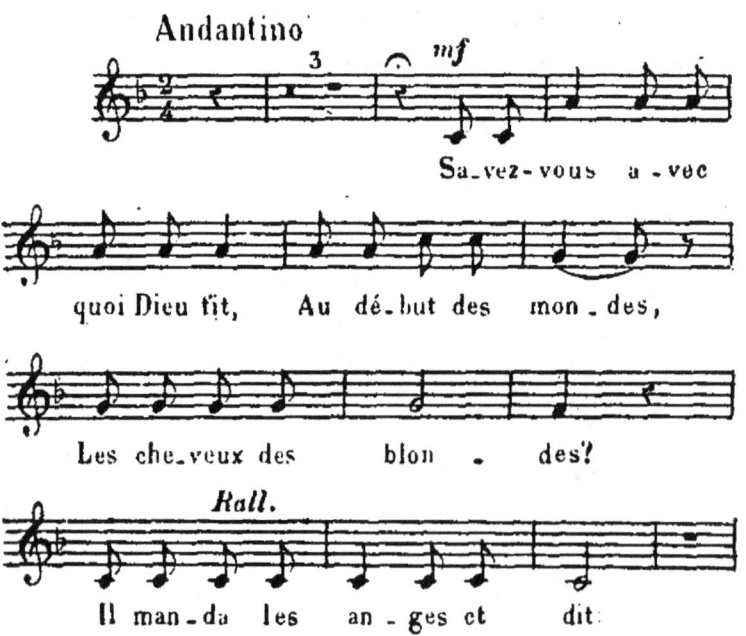

Chansons chimériques

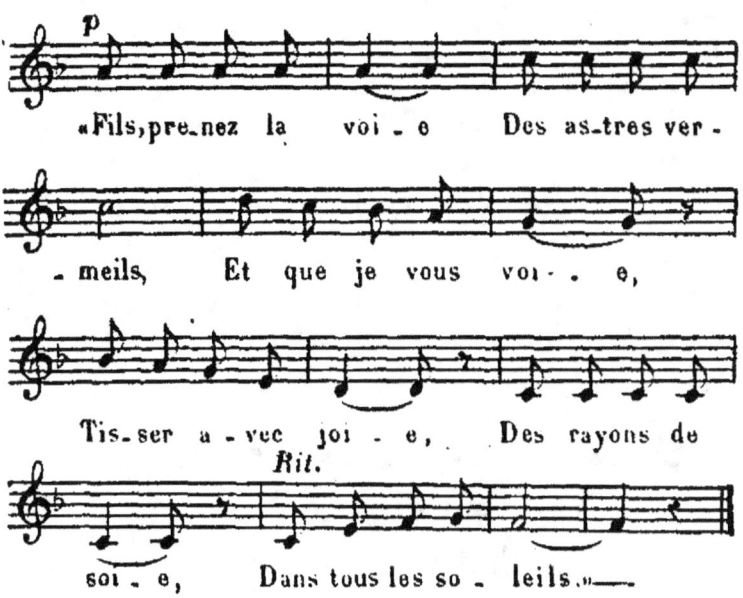

« Fils, prenez la voie Des astres vermeils, Et que je vous voie, Tisser avec joie, Des rayons de soie, Dans tous les soleils. »

Savez-vous avec quoi Dieu fit,
  Au début des mondes,
  Les cheveux des blondes ?
Il manda les anges et dit :
  « Fils, prenez la voie
  Des astres vermeils,
  Et que je vous voie,
  Tisser avec joie,
  Des rayons de soie,
  Dans tous les soleils »

Savez-vous comment Satan fit,
  Au début des lunes,
  Les cheveux des brunes ?
Il manda les démons et dit :

« Vers le Styx qu'on rame
Damnés matelots,
Et que chacun trame
Des tresses de femme
Avec une lame
De ses sombres flots. »

Savez-vous avec quoi Dieu fit,
   Au début des mondes,
   Les âmes des blondes ?
Il manda les anges et dit :
   « O fils, mon caprice
   Vous retient au ciel
   Pour un doux office ;
   Que chacun pétrisse
   Des fleurs le calice
   Pour l'âme de miel. »

Savez-vous comment Satan fit,
   Au début des lunes,
   Les âmes des brunes ?
Il manda les démons et dit :

« Que l'enfer flamboie
Pour combattre Dieu,
Et que l'on m'envoie
La flamme qui broie,
Pour que je l'emploie
A l'âme de feu ! »

GRUS, éditeur, boulevard Malesherbes.

CHANSON DU CHAMPAGNE

A Jho Pale.

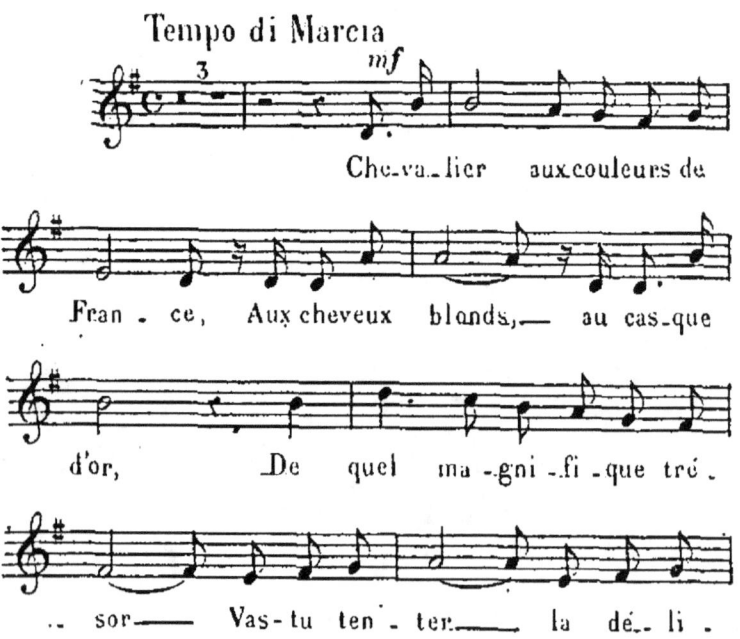

Chansons chimériques

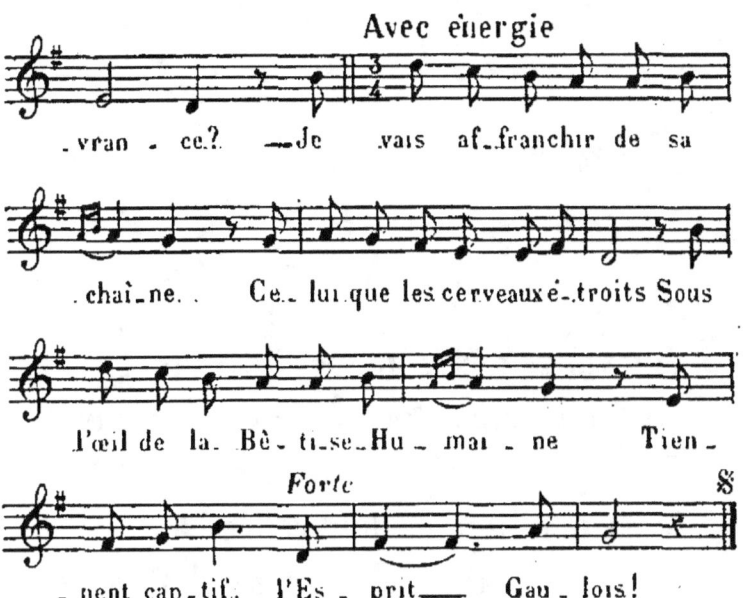

Chevalier aux couleurs de France,
Aux cheveux blonds, au casque d'or,
De quel magnifique trésor
Vas-tu tenter la délivrance ?
— Je vais affranchir de sa chaîne
Celui que les cerveaux étroits,
Sous l'œil de la Bêtise Humaine,
Tiennent captif : l'Esprit Gaulois.

Chevalier de Haute Noblesse,
Dis-moi ta devise et ta loi ?
Quel est ton Dieu ? quel est ton roi ?
Et quelle dame est ta maîtresse ?
— L'amour est mon Seigneur et Maître
Et ma devise est « volupté »
De Momus je suis le grand prêtre
Et ma maîtresse est la gaîté.

Chevalier aux larges épaules
Portant cuirasse de cristal,
N'es-tu point dans l'armorial
Parmi la noblesse des Gaules ?
— Chef des croisades en Cocagne
Par droit de vaillance et de sang
Je suis le Chevalier Champagne
Fier suzerain du Pays Franc.

PATAY, éditeur, passage Brady, 79.

CHANSON DES LARMES

A Jean Glénat.

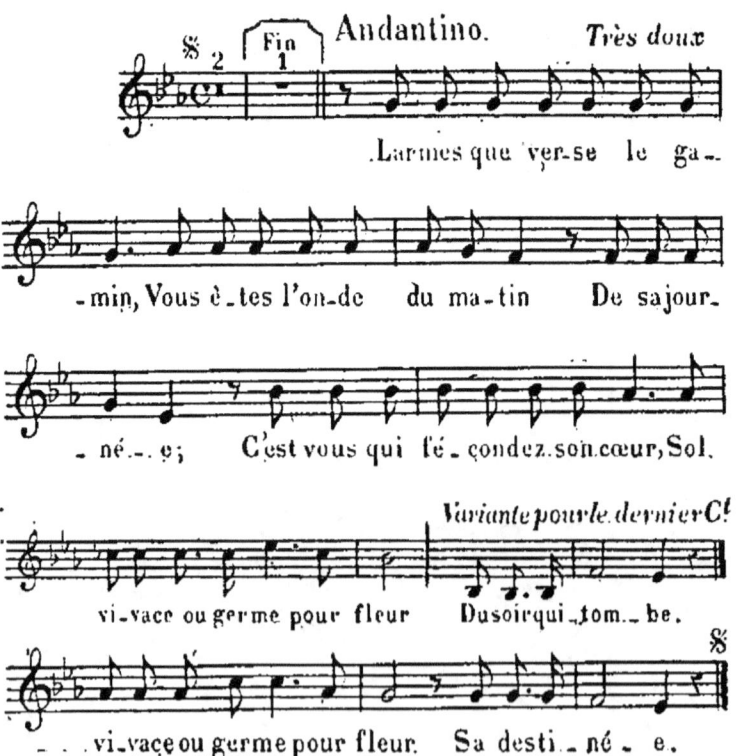

Larmes que verse le gamin
Vous êtes l'onde du matin
  De sa journée;
C'est vous qui fécondez son cœur,
Sol vivace où germe pour fleur
  Sa destinée.

Larmes que répandent les grands
Quand les sinistres ouragans
  Cinglent la vie,
Devant vous glissent les tourments,
De même que s'enfuient les vents
  Devant la pluie.

Larmes que verse l'homme vieux
Dont l'unique oraison des yeux,
Est une tombe,
Vous êtes brume des déclins
Et rosée aux baisers malsains
Du soir qui tombe !

GALLET, éditeur, rue Vivienne, 6.

MI-CARÊME

A James Vibert.

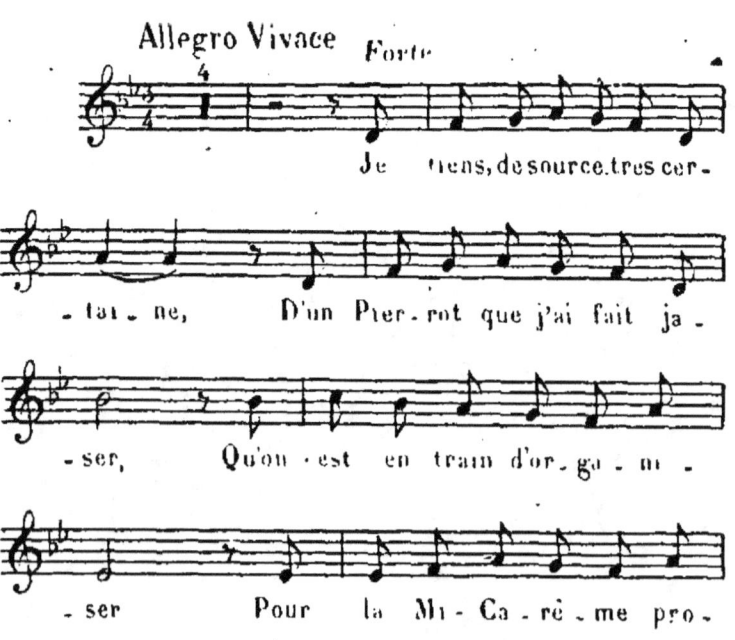

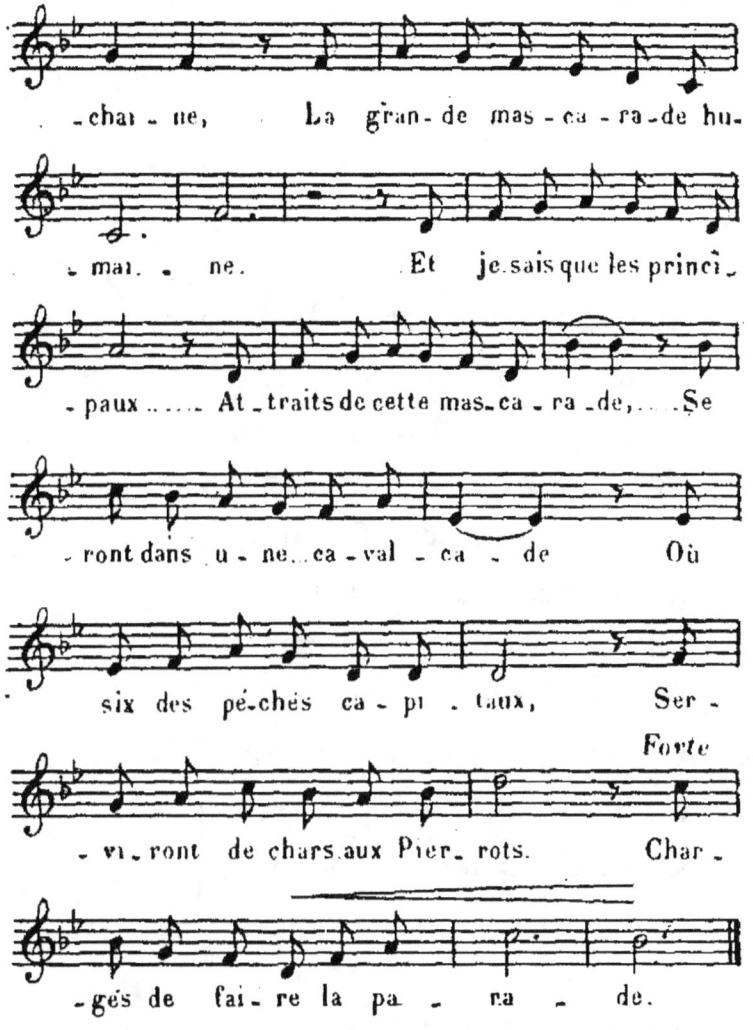

Je tiens, de source très certaine,
D'un Pierrot que j'ai fait jaser,
Qu'on est en train d'organiser
Pour la Mi-carême prochaine,
La grande mascarade humaine.
Et je sais que les principaux
Attraits de cette mascarade,
Seront dans une cavalcade
Où six des péchés capitaux,
Serviront de chars aux Pierrots
Chargés de faire la parade.

Dans la première carrossée
Symbolisant l'Orgueil des sots,
On verra pitres et cabots,
Tous ces Pierrots de la pensée,
Surgir d'une outre crevassée.

A la suite viendront deux chars
Faits de conscience élastique,
Les chars d'Avarice cynique
Et d'Envie érigeant des dards
Portant tous les Pierrots braillards
De Finance et de Politique.

Puis défileront deux voitures,
Dont le fantastique ornement
Sera fait d'un assortiment
De toutes les caricatures
Des Gourmandises et Luxures ;
Et s'élèveront dans les airs
De lubriques chansons de fête
Sanctifiant l'humaine bête,
De ces carrosses faits de chairs
Où paraîtront, nus comme vers,
Tous les vieux Pierrots en retraite

Puis viendra le char de Colère
Fait d'un volcan prêt à s'ouvrir,
D'où soudain l'on verra jaillir,
Vociférant des cris de guerre,
Tous les Pierrots de la misère ;

Et sur un carrosse escorté
Par les innombrables milices
Des peccadilles et caprices
Trônera dans sa majesté,
Au-dessus de l'humanité,
La Paresse, reine des Vices.

MANUEL, éditeur, rue Joubert, 33.

CHANSON GALANTE

A Ernest Chebroux.

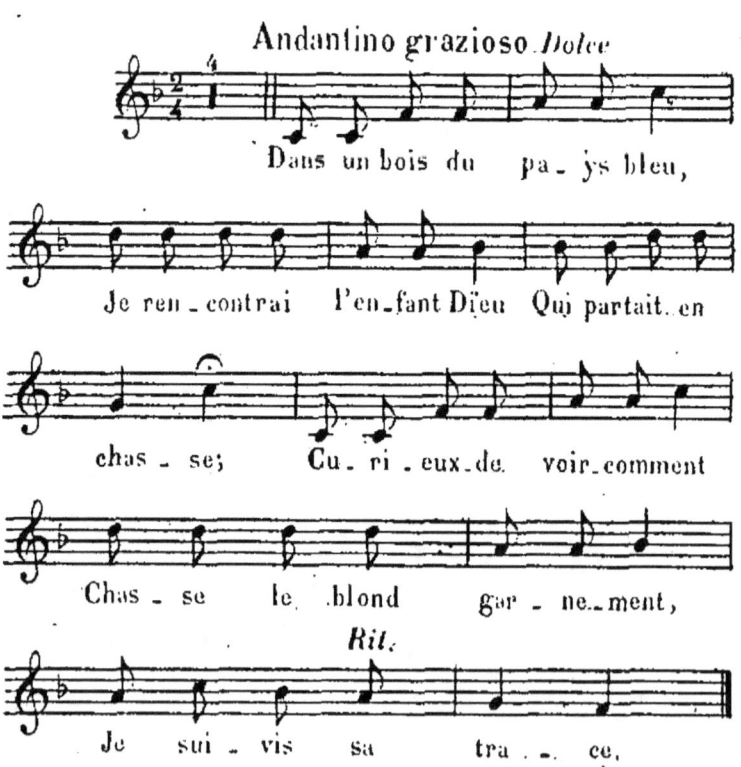

Dans un bois du pays bleu,
Je rencontrai l'enfant Dieu
   Qui partait en chasse ;
Curieux de voir comment
Chasse le blond garnement,
   Je suivis sa trace.

Et je vis le galopin
S'engager dans un chemin
   Empli de cachettes,
Où, pour être en tapinois
Le plus loin de son carquois,
   Vont les amourettes.

Et je vis le Dieu malin
Tirer sans bruit un engin
  De sa carnassière;
C'était un coquet miroir
Qu'il fit aussitôt mouvoir
  En pleine lumière.

Et je vis le petit Dieu
Continuer de son jeu
  L'habile manège,
Et disposer avec soin
Dans un mystérieux coin
  Un solide piège.

Et tandis que le bambin,
Du miroir tirait le fin
  Cordonnet de soie,
Les amourettes du bois
Devenaient du Dieu matois,
  La vivante proie.

Belle, voulez-vous savoir
Ce qu'il fut permis de voir
   Lors comme merveille ?
Ne vous effarouchez pas,
Je vais le dire tout bas,
   Bas à votre oreille.

Le miroir aux mille feux,
Belle, était fait de vos yeux
   Aux lueurs stellaires.
Et le cordonnet subtil
Etait fait du plus long cil
   Pris à vos paupières.

On aurait en vain cherché
Le piège : il était caché
   Sous votre sourire.
Vos dents en formaient l'étau
Et Cupidon pour appeau
   Prenait votre rire.

LANGLOIS, éditeur, rue des Petits-Champs, 48.

FUMÉE

A Louis Huvey.

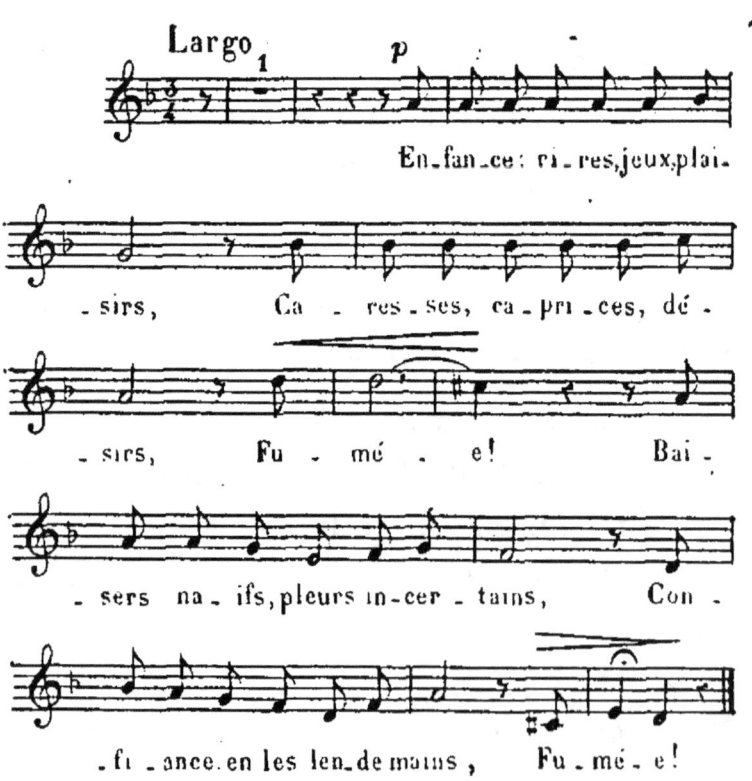

En_fan_ce: ri_res, jeux, plai_sirs, Ca_res_ses, ca_pri_ces, dé_sirs, Fu_mé_e! Bai_sers na_ïfs, pleurs in_cer_tains, Con_fi_ance en les len_de_mains, Fu_mé_e!

Enfance : rires, jeux, plaisirs,
Caresses, caprices, désirs,
    Fumée !
Baisers naïfs, pleurs incertains,
Confiance en les lendemains,
    Fumée !

Jeunesse : amours, illusions,
Espoirs, ardeurs, ambitions,
    Fumée !
Travaux, luttes, gloires, orgueils,
Déceptions, tristesses, deuils,
    Fumée !

Vieillesse : amertumes, rancœurs,
Désespérances, cris, douleurs,
  Fumée !
Souvenances, regrets, remords,
Ecroulements d'âme et de corps,
  Fumée !

ENOCH et Cⁱᵉ, éditeurs, boulevard des Italiens, 27.

BADINAGE

A Yon-Lug.

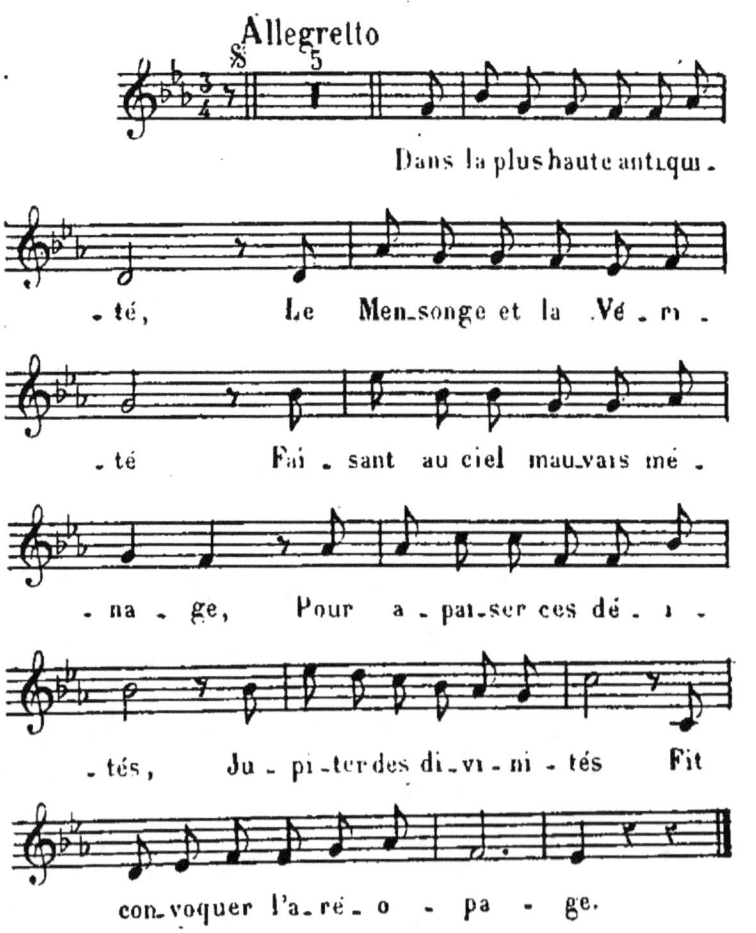

Allegretto

Dans la plus haute antiqui-té, Le Mensonge et la Vérité Faisant au ciel mauvais ménage, Pour apaiser ces dé-ités, Jupiter des divinités Fit convoquer l'aréopage.

Dans la plus haute antiquité,
Le Mensonge et la Vérité
Faisant au ciel mauvais ménage.
Pour apaiser ces déités,
Jupiter des divinités
Fit convoquer l'aréopage.

Et ce tribunal assemblé
Trancha le divin démêlé
Par un jugement fort sévère
Condamnant les deux querelleurs,
Malgré leurs suppliques et pleurs,
A quitter le ciel pour la terre.

Lors; Jupiter dit à Vulcain :
« Va construire au séjour humain
Deux magnifiques sanctuaires
Dont je t'autorise à doter,
Pour les richement abriter,
Ces divinités adversaires. »

Voulez-vous savoir en quel lieu
Mit chaque déité le Dieu ?
Je vais vous l'apprendre Madame ;
Vulcain mit, en Dieu peu galant,
Vérité dans bouche d'enfant,
Et Mensonge en bouche de Femme.

LAURENS, éditeur, rue Richelieu, 18.

PAQUES

A Madame d'Allinges.

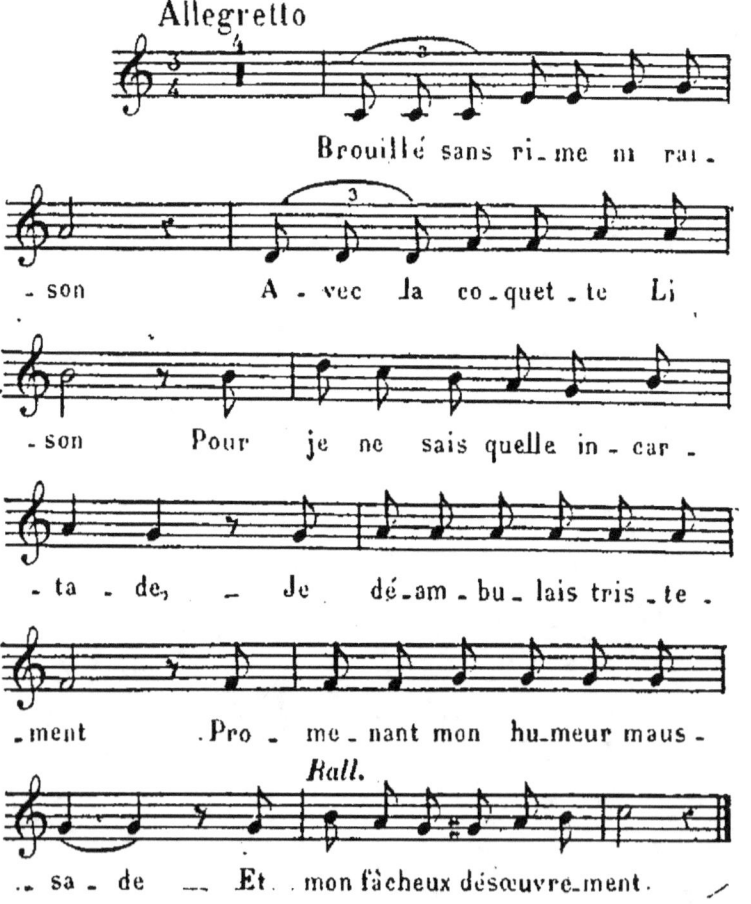

Brouillé, sans rime ni raison,
Avec la coquette Lison
Pour je ne sais quelle incartade,
Je déambulais tristement
Promenant mon humeur maussade
Et mon fâcheux désœuvrement.

C'était le dernier des jours saints,
Le jour où les pieux humains
S'entassant dans les cathédrales,
Du Mort pour leur rédemption,
En des messes pontificales,
Fêtent la résurrection.

Et tout en écoutant sonner,
Résonner et carillonner
Les cloches de retour de Rome,
Je songeais à certain dieu fort
Et doux comme le fils de l'homme,
Le dieu d'amour comme lui mort.

Et je pensais qu'il serait beau
De voir surgir de son tombeau,
Du cœur marmoréen de Lise,
Auréolé de volupté,
Le chef de la plus haute église,
Le dieu d'amour ressuscité.

Lors, je m'en fus trouver Pierrot
Afin de lui toucher un mot
De ma douloureuse aventure.
Et l'ami Pierrot fut contrit
De découvrir en ma figure
Un air chagrin et déconfit.

Mais Pierrot, quand je l'eus d'un trait
Mis rigoureusement au fait
De mes désirs et de ma peine,
Dit : « Je sais la combinaison
« La plus sûre et la plus certaine
« Pour qu'Amour renaisse en Lison. »

« Je sais comment le cœur humain
« Et surtout le cœur féminin
« Véhémentement fructifie ;
« C'est sous les baisers bienfaisants
« D'une abondante et douce pluie
« De louanges et de présents. »

« De cela je conclus qu'il faut
« T'en aller quérir au plus tôt,
« En l'honneur de Pâques fleuries,
« L'œuf qu'à Lison tu donneras,
« Où sous des rimes attendries
« Ton cœur d'amant tu placeras. »

Et Pierrot ironiquement
Ajouta comme complément
A son aimable confidence :
« Poète, bourgeois et butor
« Doivent prendre en telle occurrence
« Un œuf de la poule aux œufs d'or. »

MANUEL, éditeur, rue Joubert, 33.

CHANSON DE LA PLUIE

A Roger Sem.

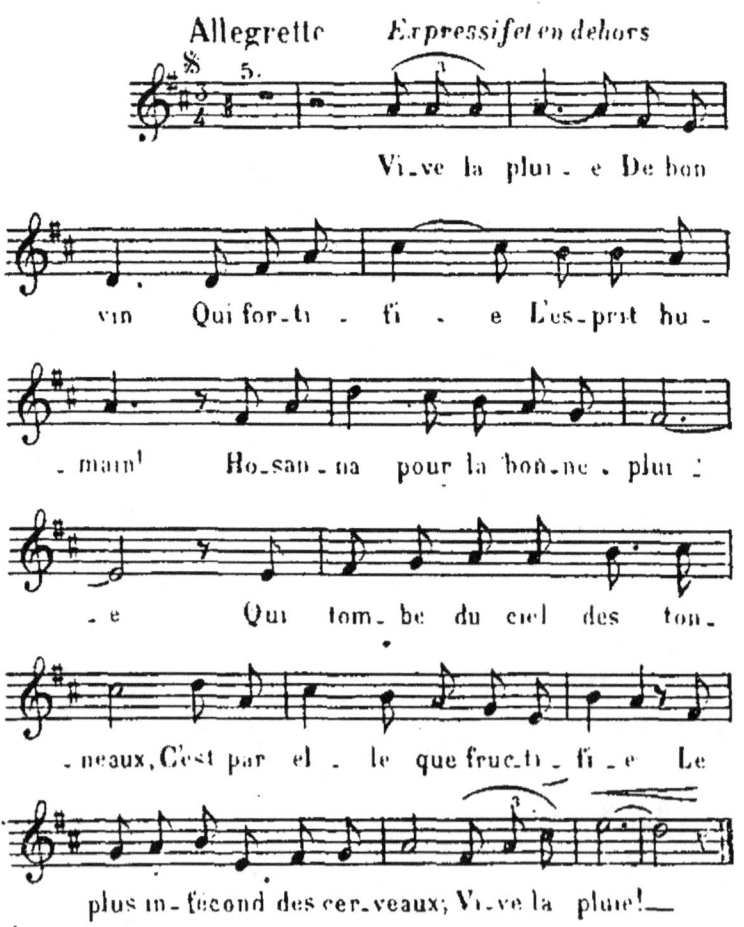

Vive la pluie
De bon vin
Qui fortifie
L'esprit humain !
Hosanna ! pour la bonne pluie
Qui tombe du ciel des tonneaux !
C'est par elle que fructifie
Le plus infécond des cerveaux.
    Vive la pluie !

Vive la pluie
De baisers
Qui désennuie
Les plus blasés !
Hosanna ! pour la douce pluie
Fluant des lèvres de velours !
Car c'est elle qui vivifie
Les plus débiles des amours.
    Vive la pluie !

Vive la pluie
De gros sous
Qui rassasie
Sages et fous !
Hosanna ! pour la belle pluie
Qui satisfait tout appétit ;
Qui donne au faible un peu de vie,
A l'imbécile un peu d'esprit.
Vive la pluie !

LAURENS, éditeur, rue Richelieu, 18.

HOLOCAUSTE

A Madame Guillaume Thollot.

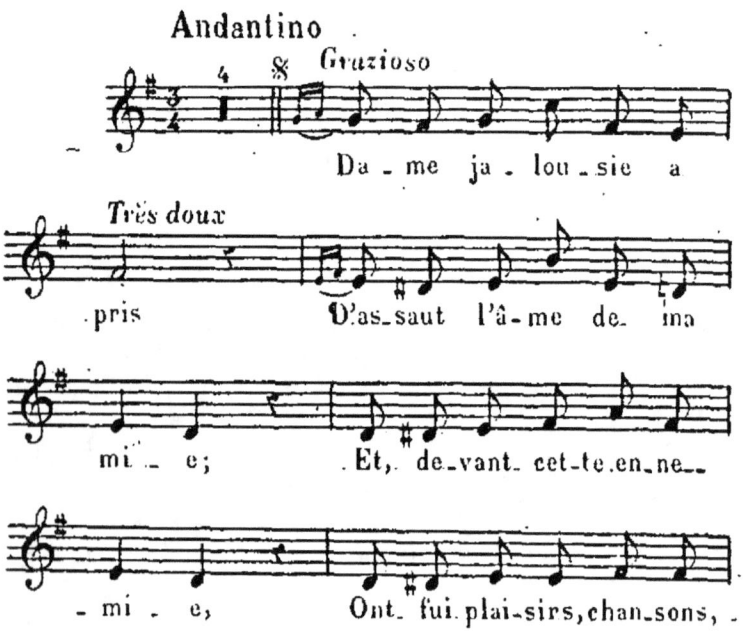

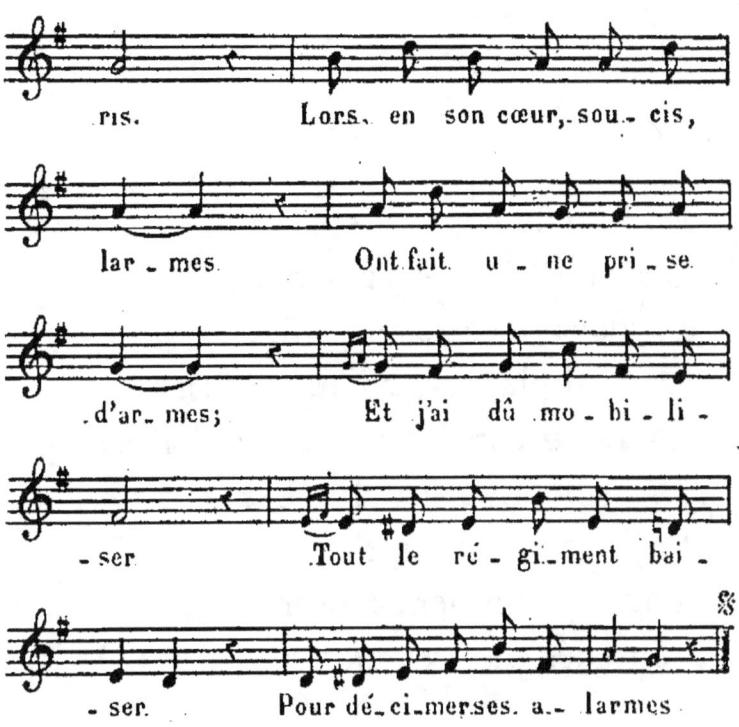

Dame jalousie a pris
D'assaut l'âme de ma mie ;
Et, devant cette ennemie,
Ont fui plaisirs, chansons, ris.
Lors, en son cœur, soucis, larmes
Ont fait une prise d'armes ;
Et j'ai dû mobiliser
Tout le régiment Baiser
Pour décimer ses alarmes

Vain combat ; car, ce matin,
J'ai, pour apaiser la belle,
Incinéré devant elle
Tout un amoureux butin.
Et cédant, sans artifice,
A son féminin caprice,
J'ai, sur l'autel de l'oubli,
Péniblement accompli
Ce douloureux sacrifice,

J'ai regardé longuement
Ces souvenirs disparaître,
Et senti dans tout mon être
Comme un lent déchirement ;
Car j'ai vu, non sans tristesse,
En cette ultime caresse
Que leur accordait le feu,
Un dernier baiser d'adieu
A ma défunte jeunesse.

J'ai vu, dans l'envolement
De la funèbre fumée,
Le portrait de chaque aimée
Surgir symboliquement ;
Et j'ai cru vraiment entendre
Chaque ombre, d'une voix tendre,
Dire ces mots tour à tour :
« Amour est mort ! Vive amour
Qui va naître de sa cendre ! »

Reproduction autorisée par G. ONDET, éditeur, 83, faubourg Saint-Denis, Paris. — Prix : pour chant seul, o fr. 35 ; avec accompagnement de piano, 1 fr.

PENTECOTE

A Maurice Lapaine.

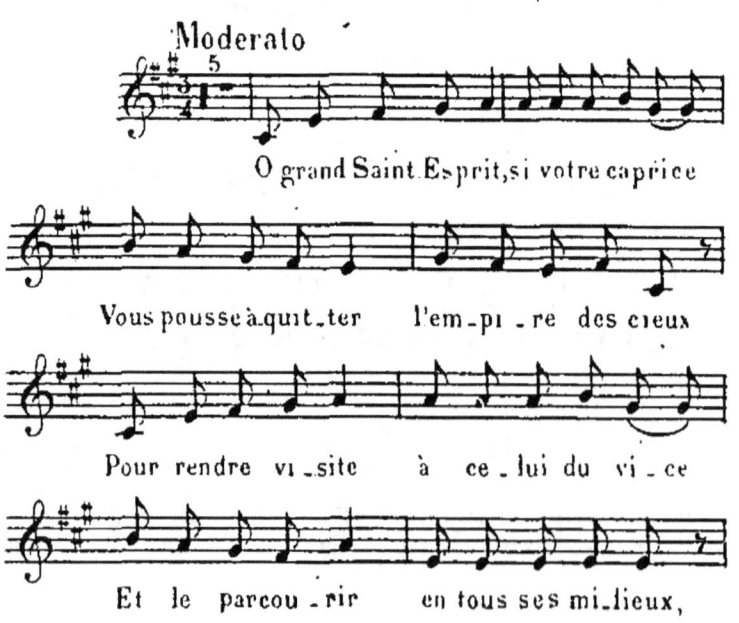

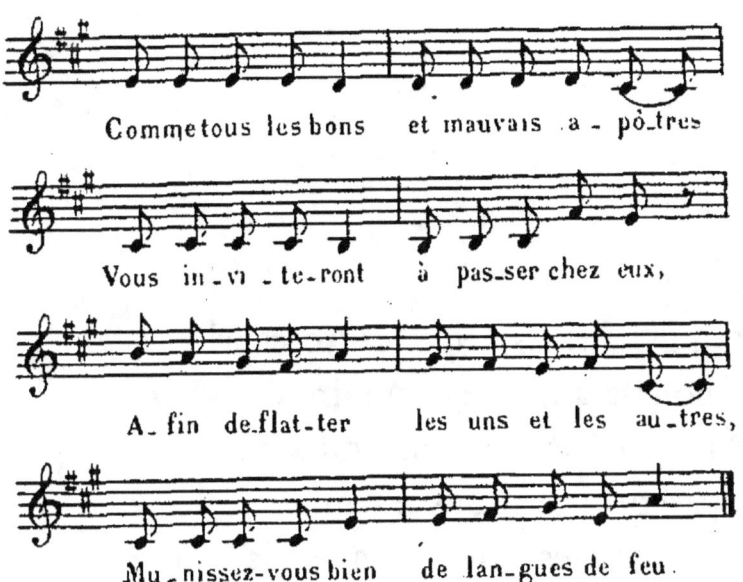

O grand Saint-Esprit, si votre caprice
Vous pousse à quitter l'empire des cieux
Pour rendre visite à celui du vice
Et le parcourir en tous ses milieux,
Comme tous les bons et mauvais apôtres
Vous inviteront à passer chez eux,
Afin de flatter les uns et les autres,
Munissez-vous bien de langues de feu.

Car il en faudra des nombres, des nombres,
Pour tous les cerveaux soit faibles, soit forts,
Pour les cerveaux clairs et les cerveaux sombres,
Les cerveaux ardents et les cerveaux morts;
Car il en faudra pour les cœurs arides,
Pour les cœurs brûlants et les cœurs glacés,
Et pour les cœurs pleins et pour les cœurs vides,
Pour les cœurs vaillants et les cœurs blessés.

Donc, ô Saint-Esprit, si la fantaisie
Vous prend d'explorer ce dédale humain,
Je tiens par respect et par courtoisie
A vous escorter en ce long chemin ;
Car j'ai ferme espoir qu'au bout du voyage,
Comme don d'adieu, vous aurez le soin
De tirer pour moi de votre bagage
L'esprit qui me manque et dont j'ai besoin.

Visitez d'abord les âmes des femmes,
Pour y faire avec générosité
Descendre parmi des langues de flammes,
O grand Saint, l'esprit de fidélité ;
Et quand vous aurez vu les cœurs des belles,
Ne vous donnez point le rude embarras
De chercher à voir aussi leurs cervelles :
C'est fort inutile ; elles n'en ont pas.

Lors, allez de là, porter aux poètes
L'esprit précieux de sincérité,
Et distribuer à leurs interprètes
Celui de pudeur et d'humilité ;

Puis à toute la gent législatrice,
Donner l'esprit rare de loyauté
Et répandre sur les gens de justice
Celui de sagesse et de vérité.

Passez à côté du bourgeois vulgaire :
Il n'est rien pour lui dans votre fardeau.
Vous avez des dons plus sages à faire,
Car cet être n'a ni cœur ni cerveau.
Aux dévots, portez l'esprit d'indulgence,
Aux riches l'esprit doux de charité,
Aux blessés du sort l'esprit d'espérance,
Aux despotes l'esprit de liberté.

Aux impuissants, qui sottement intriguent
Sous un faux couvert de moralité,
Aux vieux débauchés chagrins qui se liguent
Contre notre vieille et franche gaieté,
O grand Saint, versez avec abondance,
Ce qui de nos jours tout comme autrefois
Devrait fleurer bon aux cerveaux de France :
Le plus pur parfum de l'esprit gaulois.

CELUI QUE J'AIME

A Guy Terrel des Chênes.

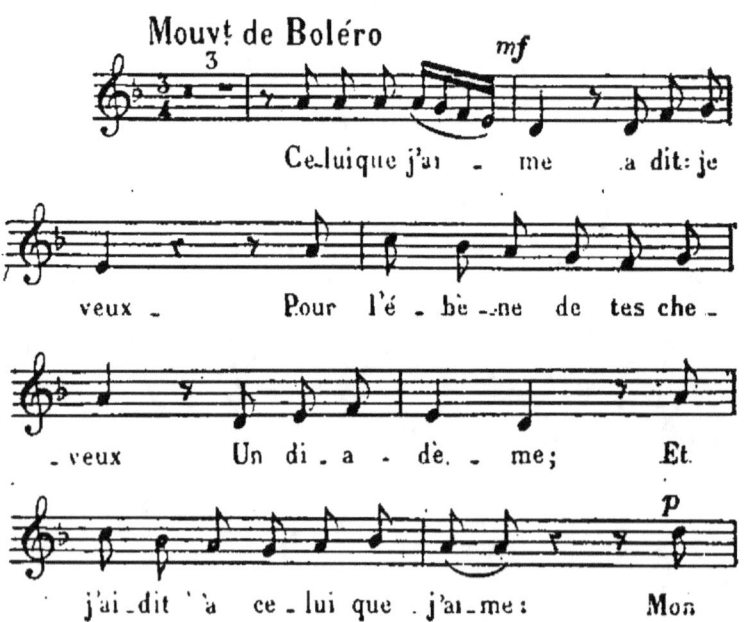

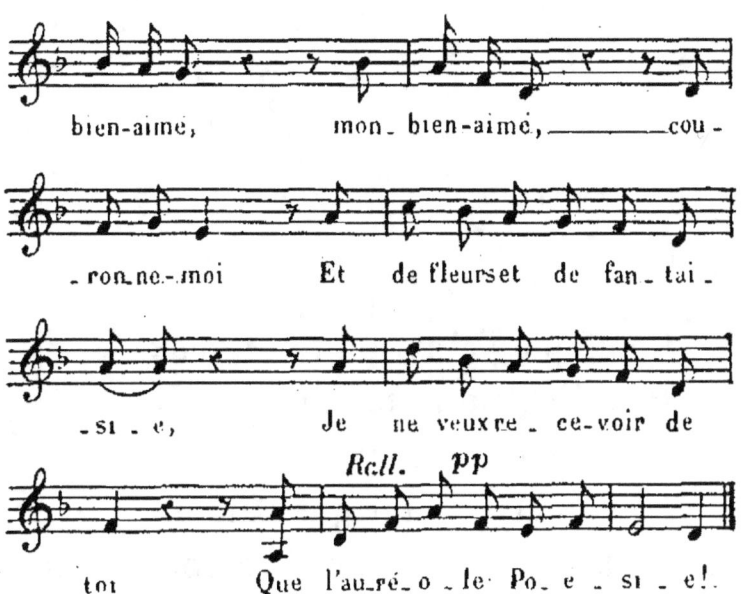

Celui que j'aime a dit : Je veux
Pour l'ébène de tes cheveux
    Un diadème.
Et j'ai dit à celui que j'aime :
Mon bien-aimé, mon bien-aimé, couronne-moi
    Et de fleurs et de fantaisie.
    Je ne veux recevoir de toi
    Que l'auréole : Poésie.

Celui que j'aime a dit : Veux-tu
Voir ton joli cou revêtu
    De perles pures ?
J'ai dit : Je veux d'autres parures.
Mon bien-aimé, mon bien-aimé, fais que mon cou
    Sous tes bras enlaceurs se ploie :
    Il n'est pas de plus beau bijou
    Qu'un collier d'amour et de joie !

Celui que j'aime a dit : Je veux
De perles d'or parer tes deux
    Fines oreilles.
J'ai dit : J'en sais de sans pareilles.
Mon bien-aimé, mon bien-aimé, que par ta voix
    Mon oreille soit caressée.
    Je ne veux pour joyaux de choix
    Que les perles de ta pensée.

Celui que j'aime a dit : Je vais
T'offrir un trône en un palais
    De marbre rare.
J'ai dit : Je sais plus pur Carare :
Mon bien-aimé, mon bien-aimé, que ton corps soit
    Palais d'amour où je me pâme
    Et qu'Eros me donne le droit
    D'y prendre pour trône ton âme.

QUINSARD, éditeur, rue des Capucines, 25.

PROBLÈMES

A Camille Roy.

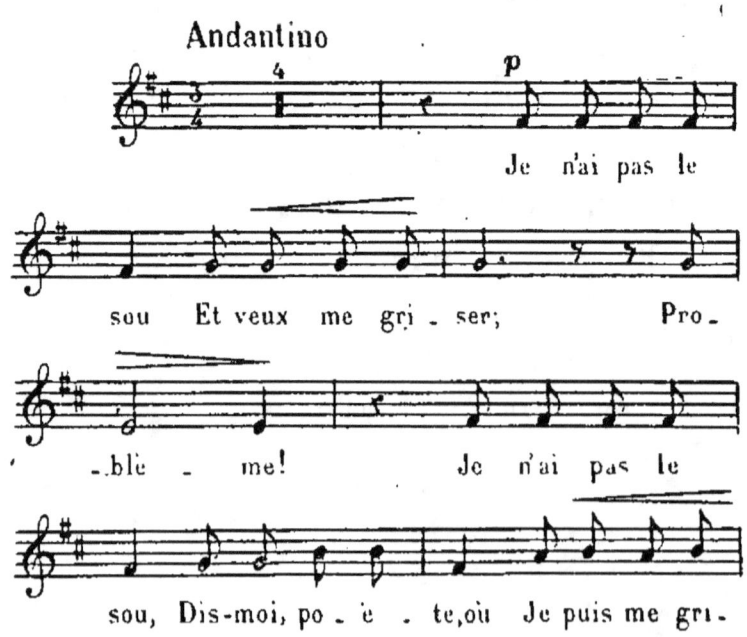

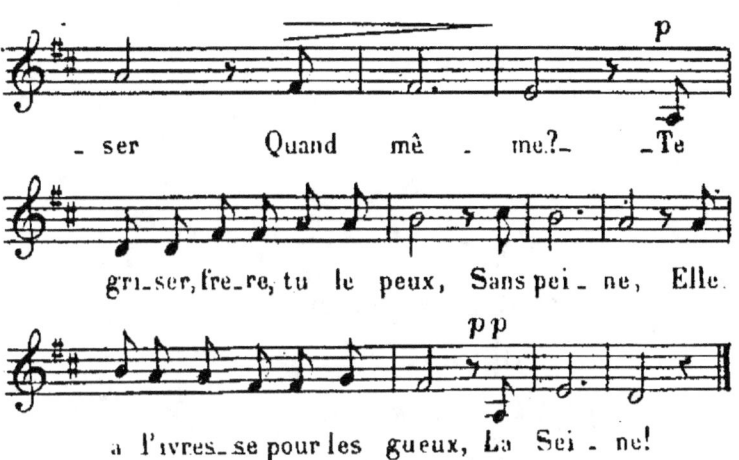

Je n'ai pas le sou
Et veux me griser :
   Problème !
Je n'ai pas le sou,
Dis-moi, poète, où
Je puis me griser
   Quand même ? —
Te griser, frère, tu le peux
   Sans peine :
Elle a l'ivresse pour les gueux,
   La Seine !

Je n'ai pas le sou
Et veux un baiser :
   Problème !
Je n'ai pas le sou,
Dis-moi, poète, où
Prendre ce baiser :
   Quand même ? —

Ce baiser, frère, tu le peux,
Sans peine,
Trouver chez l'amante des gueux,
La Seine !

Je n'ai pas le sou
Et veux reposer :
Problème !
Je n'ai pas le sou,
Dis-moi, poète, où
Je puis reposer
Quand même ! —
Reposer, frère, tu le peux
Sans peine :
Elle a le sommeil pour les gueux !
La Seine !

JOUBERT, éditeur, rue d'Hauteville, 25.

CHALANDS ET PÉNICHES

A Gustave Gatschy.

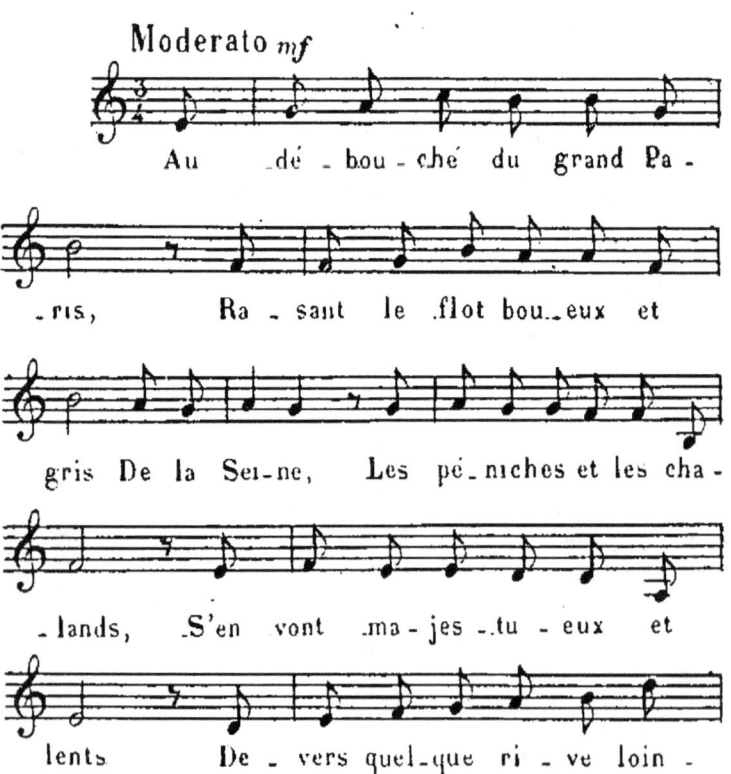

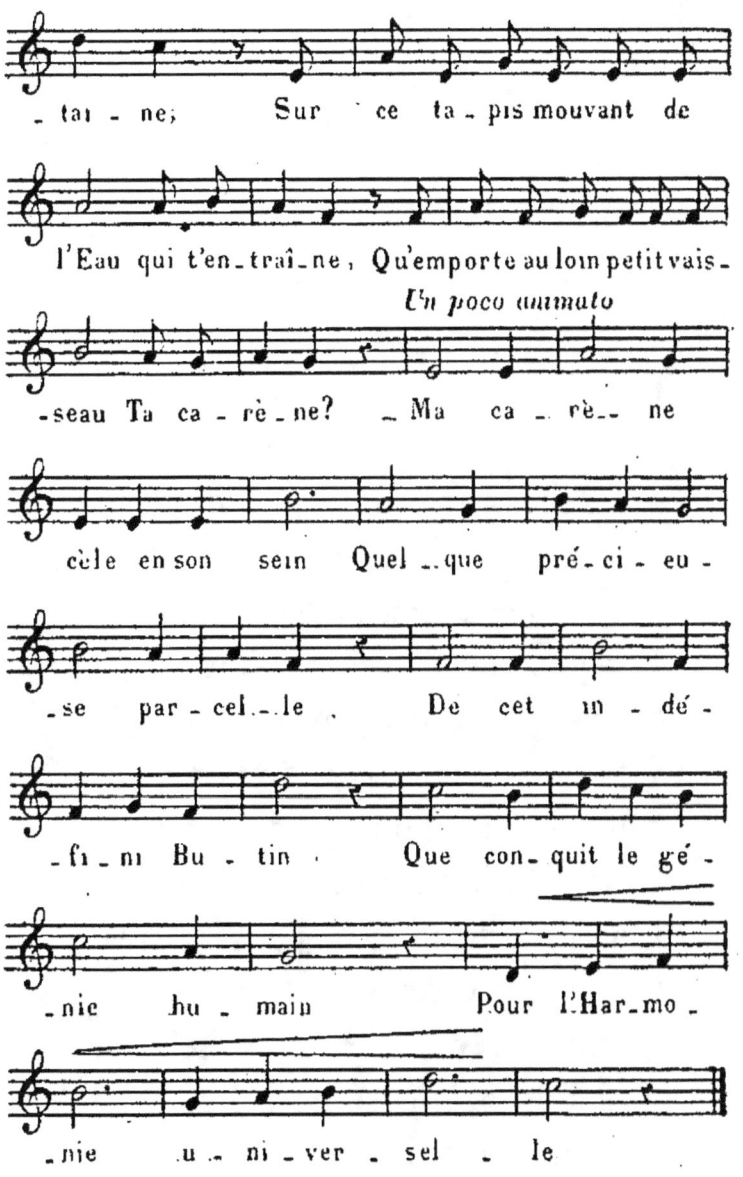

Au débouché du grand Paris,
Rasant le flot boueux et gris
    De la Seine,
Les péniches et les chalands,
S'en vont majestueux et lents
Devers quelque rive lointaine,
Sur ce tapis mouvant de l'eau
    Qui t'entraîne,
Qu'emporte au loin, petit vaisseau,
    Ta carène ?
— Ma carène cèle en son sein
Quelque précieuse parcelle
De cet indéfini butin
Que conquit le génie humain
Pour l'harmonie universelle !

Loin des splendeurs de la cité
Qui garde en leur intégrité
    Ces merveilles
Pour lesquelles tant de cerveaux
S'usèrent en de durs travaux
Fécondés par de longues veill s
Que feras-tu de ton fardeau
    En voyage,
Et que, sera, petit vaisseau,
    Ton ouvrage ? —
Je dispenserai la beauté
De la richesse que je cèle,
Pour que toute l'humanité
Goûte à la somptuosité
De l'harmonie universelle.

MADRIGAL PASTICHE

A Antoine Condamin.

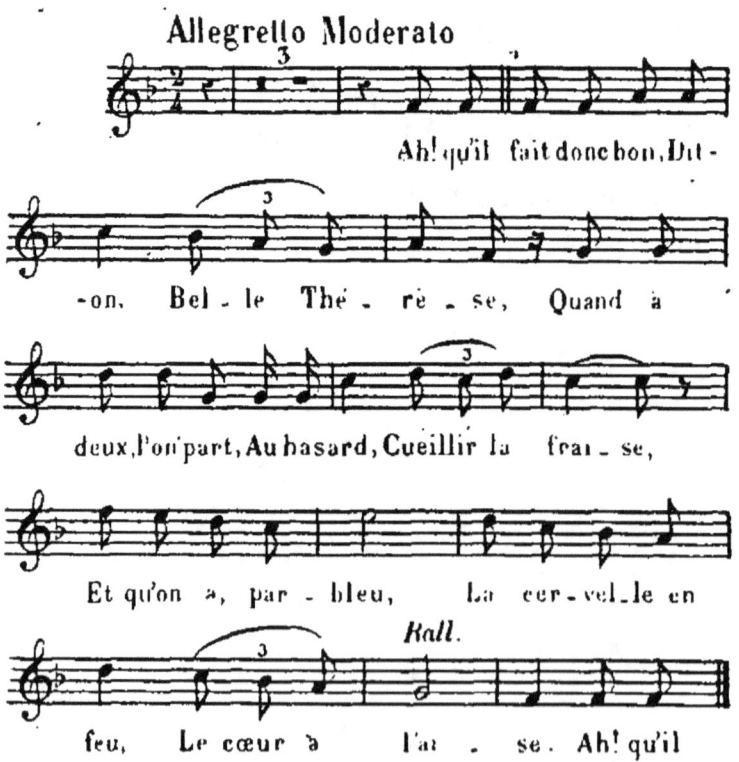

Ah! qu'il fait donc bon,
    Dit-on,
  Belle Thérèse,
Quand à deux l'on part,
    Au hasard,
Cueillir la fraise,
Et qu'on a, parbleu !
La cervelle en feu,
Le cœur à l'aise.

Ah! qu'il est un bois
    De choix,
  Belle Thérèse,
Où j'ai doux espoir
    D'aller voir
Mûrir la fraise.
C'est vraiment péché
Qu'il soit tant caché,
Ne vous déplaise !

Madrigal pastiche

Ah ! dans ce bosquet
Coquet,
Belle Thérèse,
Va, tout par un jour,
Naître amour,
Sous une fraise ;
Fasse donc le sort
Qu'il pleure si fort
Que je l'apaise !

QUINZARD, rue des Capucines. 25

CHANSON DES PORTRAITS

A Madame Greta Pierrefeu.

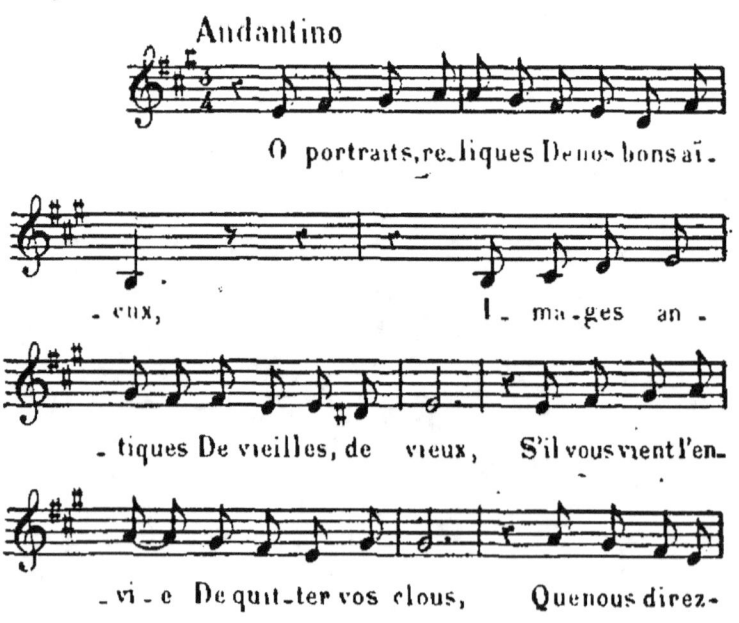

Chansons chimériques

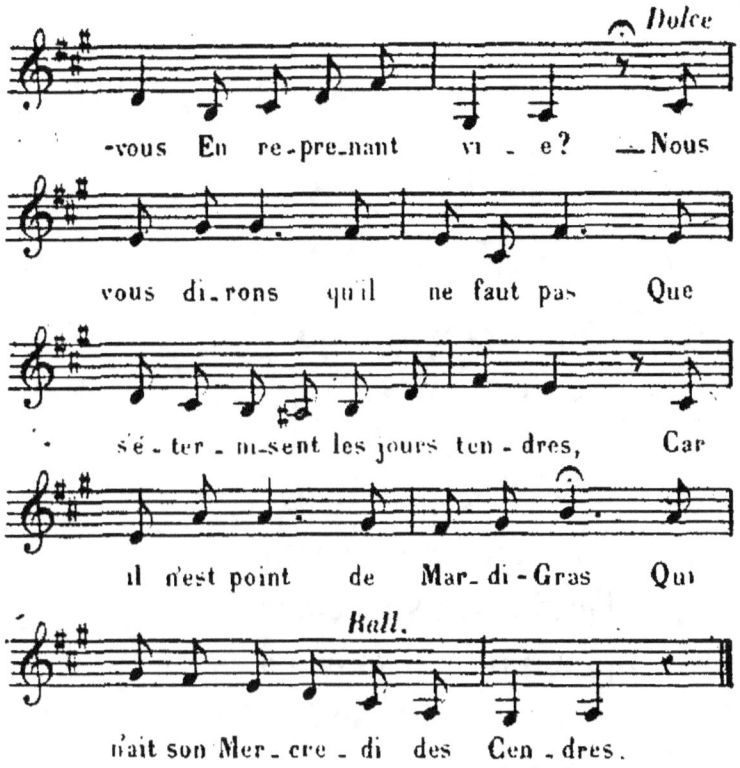

-vous En re-pre-nant vi - e? — Nous
vous di-rons qu'il ne faut pas Que
s'é-ter-ni-sent les jours ten-dres, Car
il n'est point de Mar-di-Gras Qui
Ball.
n'ait son Mer-cre-di des Cen-dres.

O portraits, reliques
De nos bons aïeux,
Images antiques
De vieilles, de vieux,
S'il vous vient l'envie
De quitter vos clous,
Que nous direz-vous
En reprenant vie ? —
Nous vous dirons qu'il ne faut pas
Que s'éternisent les jours tendres,
Car il n'est point de Mardi-Gras
Qui n'ait son Mercredi des Cendres.

O portraits, reliques
D'amis trépassés,
Pages historiques
De nos ans passés,

S'il vous vient l'envie
De quitter vos clous,
Que nous direz-vous
En reprenant vie ? —
Nous vous dirons qu'il ne faut pas
Que s'éternisent les jours tendres,
Car il n'est point de Mardi-Gras
Qui n'ait son Mercredi des Cendres.

O portraits, reliques
De nos déités,
Gammes chromatiques
Des rêves chantés,
S'il vous vient l'envie
De quitter vos clous,
Que nous direz-vous
En reprenant vie ? —
Nous vous dirons qu'il ne faut pas
Que s'éternisent les jours tendres,
Car il n'est point de Mardi-Gras
Qui n'ait son Mercredi des Cendres.

LES PAPILLONS

A ma Sœur.

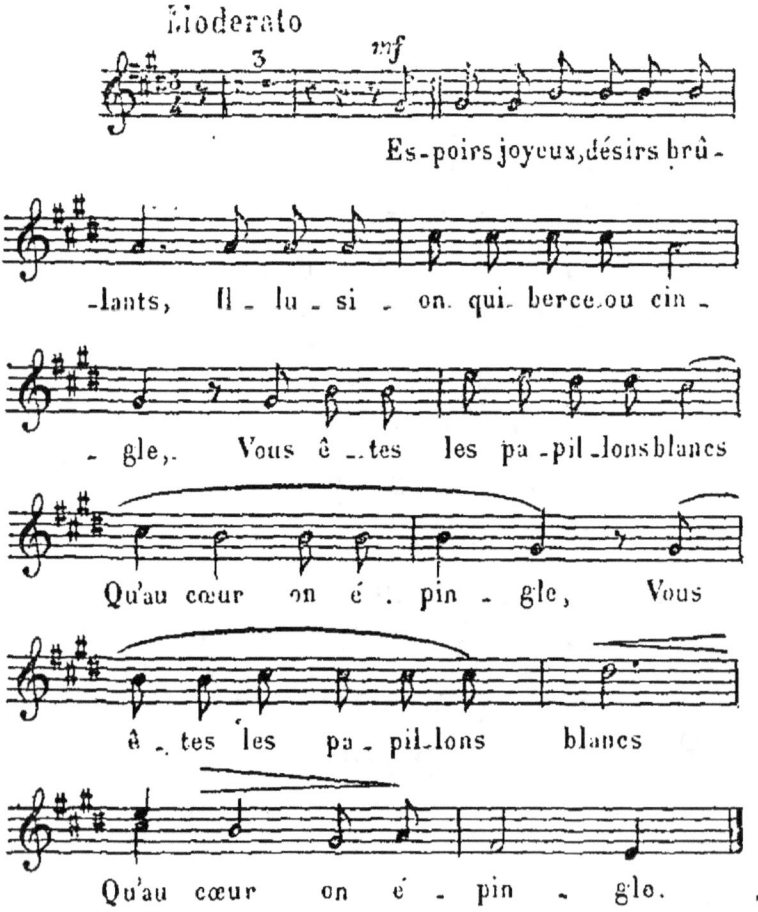

Espoirs joyeux, désirs brûlants,
Illusion qui berce ou cingle,
Vous êtes les papillons blancs
Qu'au cœur on épingle.

Songes gais, rêves amoureux,
Plaisir des sens qui charme ou cingle,
Vous êtes les papillons bleus
Qu'au cœur on épingle.

Soucis cruels et désespoirs,
Peine vive qui brise ou cingle,
Vous êtes les papillons noirs
Qu'au cœur on épingle.

HIÉLARD, éditeur, rue Turgot, 23.

MADRIGAL

A Madame Manvernay.

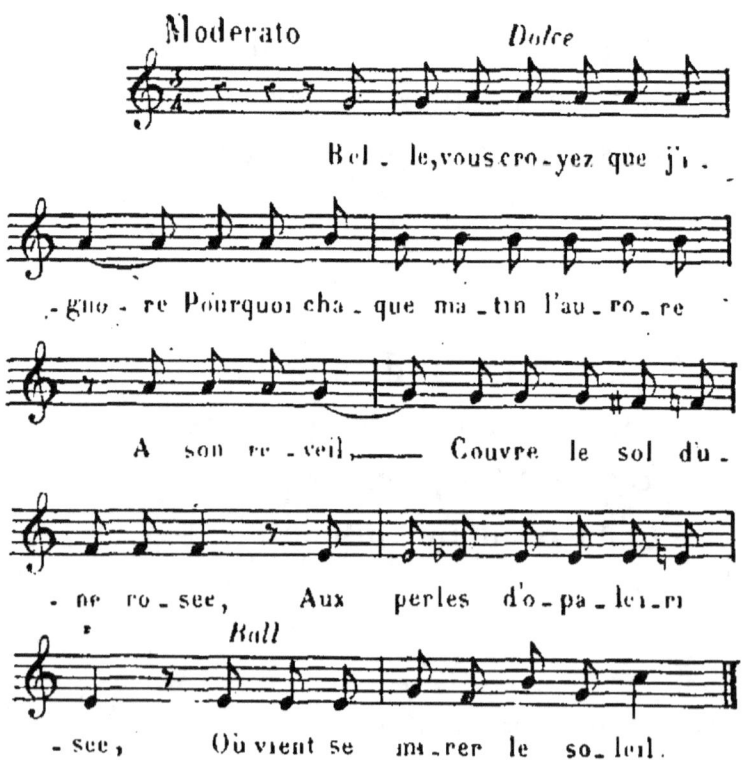

Belle, vous croyez que j'ignore
Pourquoi chaque matin l'aurore
  A son réveil,
Couvre le sol d'une rosée
Aux perles d'opale irisée
Où vient se mirer le soleil.

Belle, si la rosée inonde
La vieille terre de son onde
  Aux sept couleurs,
C'est qu'en vous voyant si jolie
L'aube tombe en mélancolie
Et de dépit verse des pleurs.

LAURENS, éditeur, rue Richelieu, 18

LES GROTESQUES

A Etienne Charles.

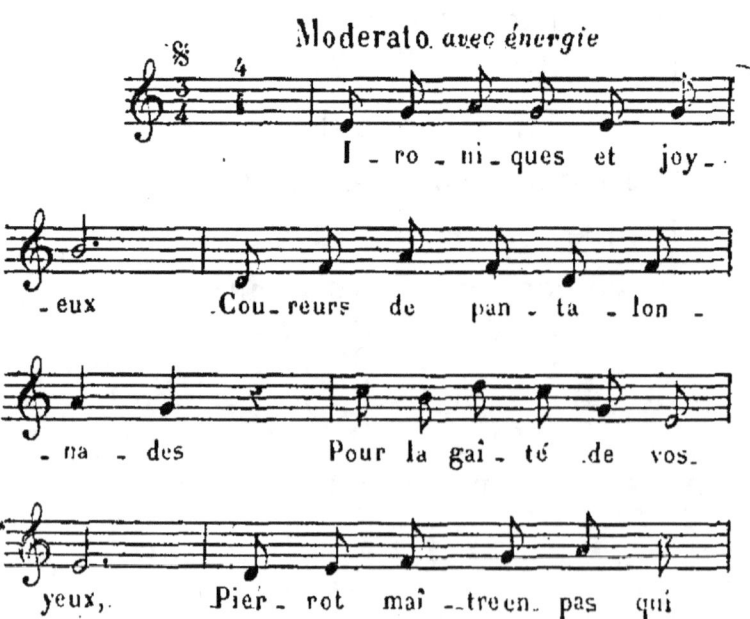

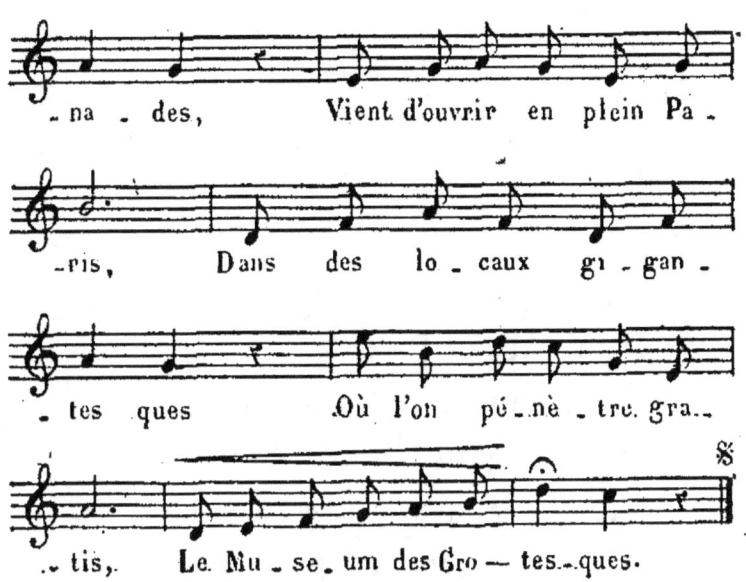

Ironiques et joyeux
Coureurs de pantalonnades,
Pour la gaîté de vos yeux,
Pierrot, maître en pasquinades,
Vient d'ouvrir en plein Paris,
Dans des locaux gigantesques
Où l'on pénètre gratis,
Le Muséum des Grotesques.

En ce vaste promenoir
L'ami Pierrot vous convie
A venir, en foule, voir
Tous les bouffons de la vie :
Vieilles belles et vieux beaux
A l'accoutrement burlesque,
Cachant sous leurs oripeaux
Leur vieillissement grotesque ;

Riches bourgeois parvenus,
Portant fausses particules
Et nimbant leurs fronts cornus
De couronnes ridicules;
Magots caparaçonnés
De jupes carnavalesques,
Jugeant-les emprisonnés
Dans des parades grotesques;

Législateurs, faux Catons,
Lycurgues problématiques
Se posant en Phaétons
Du char de la République;
Vieux retrousseurs de jupons
Aux appétits romanesques,
Cloîtrant leurs désirs fripons
Au sein de ligues grotesques;

Artistes de faux talent
Sacrifiant au vulgaire,
Rampant et capitulant
Devant le « Nerf de la guerre »;

Ratés des lettres, des arts,
Censeurs méchants, pédantesques,
Exhalant en cris de jars
Dépit et bile grotesques.

Pour la gaîté de vos yeux,
Coureurs de pantalonnades,
Entrez donc chez le joyeux
Pierrot, maître en pasquinades ;
On peut pénétrer gratis
Dans ses locaux gigantesques
Où l'on voit le « Tout-Paris »
Vrai Muséum des Grotesques.

Reproduction autorisée par G. ONDET, éditeur, 83, faubourg Saint-Denis, Paris. — Prix pour chant seul 0 fr. 35, avec accompagnement de piano 1 fr.

PÈLERINAGE

A Raoul Cinoh.

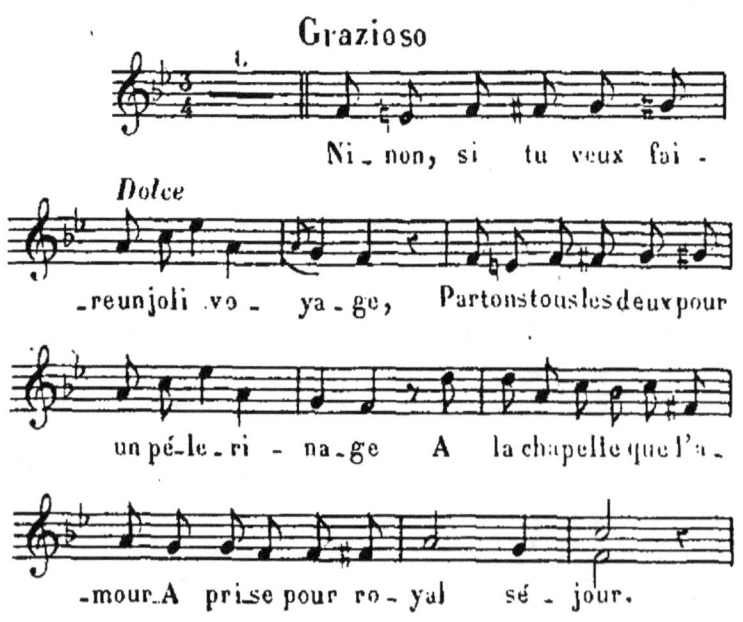

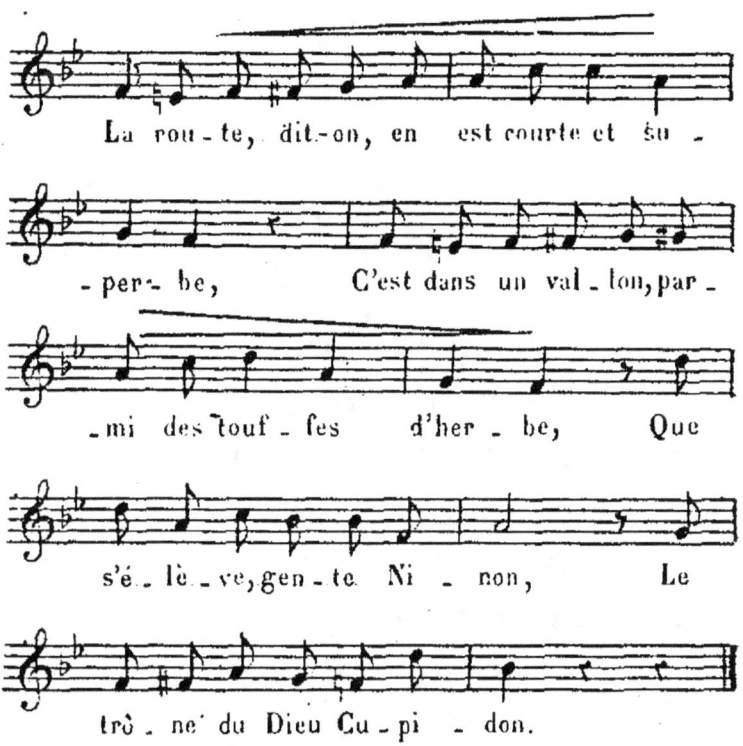

Pèlerinage

Ninon, si tu veux
Faire un joli voyage,
Partons tous les deux
Pour un pèlerinage
A la chapelle que l'amour
A prise pour royal séjour.
La route, dit-on,
En est courte et superbe;
C'est dans un vallon,
Parmi des touffes d'herbe
Que s'élève, gente Ninon,
Le trône du Dieu Cupidon.

Ninon, nous prendrons
Ta beauté pour bagage
Et nous en ferons
Dévotement usage.

Car pour qu'Eros épande en nous
Ses dons mystérieux et doux,
Nos lèvres diront
De suaves cantiques
Qu'accompagneront
Des arpèges mystiques
Unis à de parfaits accords
Plaqués au clavier de ton corps.

Nous arborerons
Tes cheveux pour bannière
Et déroberons
A tes yeux leur lumière,
Pour illuminer les chemins
Qu'Eros ouvre à ses pèlerins ;
Et si par hasard
Nous défaillons en route,
Ce que, pour ma part,
Ninon, point ne redoute,
Pour ranimer nos sens brisés,
Nous nous mangerons de baisers.

Et quand nous serons
Au terme du voyage,
Nous accrocherons
Les ex-voto d'usage
Au marbre poli de Paros
Des piliers du temple d'Eros ;
Et gagnant du dieu
Le royal habitacle,
Tout autour du lieu
Saint de son tabernacle,
Ninon, nous ferons, tour à tour
Libations de vin d'amour !

HIÉLARD, éditeur, rue Turgot, 23.

NOEL DU GUEUX

A Monsieur l'abbé Lafuy.

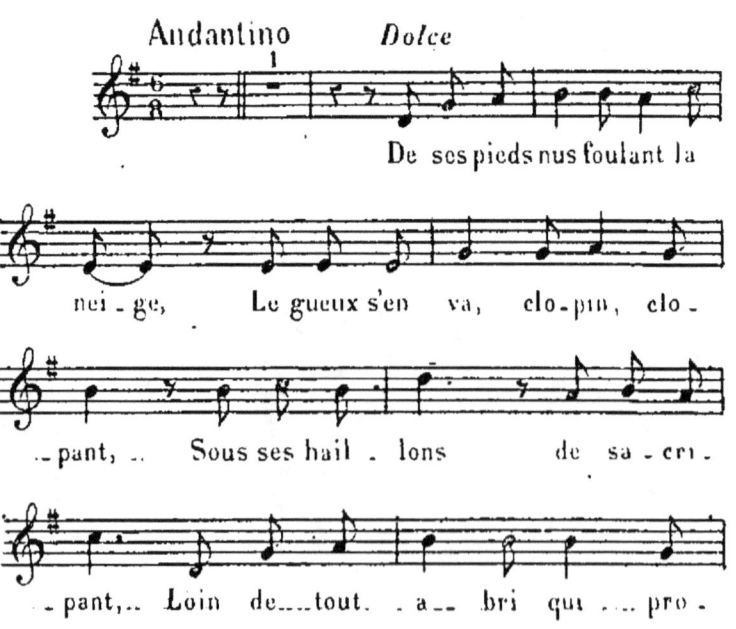

Chansons chimériques

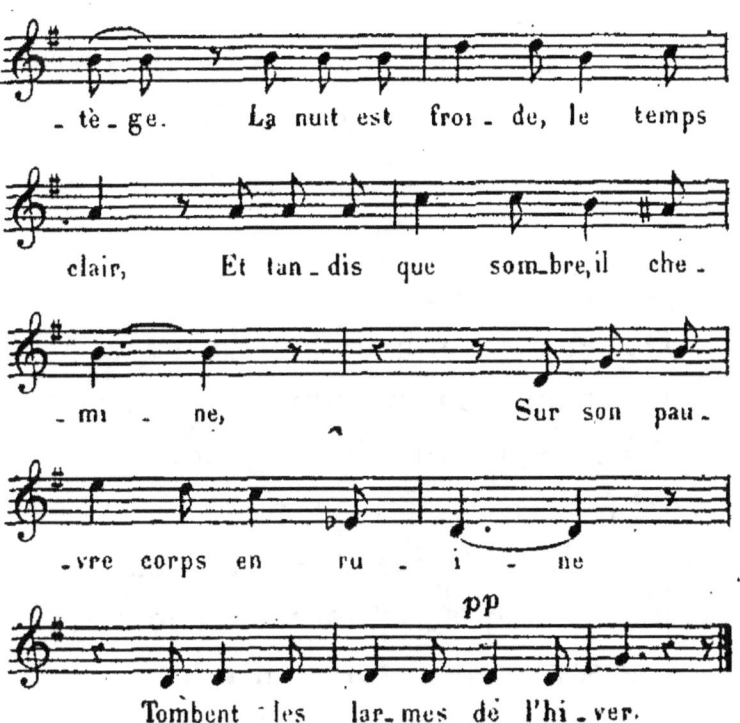

Noël du gueux

De ses pieds nus foulant la neige,
Le gueux s'en va, clopin-clopant,
Sous ses haillons de sacripant,
Loin de tout abri qui protège ;
La nuit est froide, le temps clair,
Et tandis que, sombre, il chemine,
Sur son pauvre corps en ruine
Tombent les larmes de l'hiver.

Soudainement, voici troublée
La quiétude de la nuit :
Ce sont les cloches de minuit
Qui sonnent à toute volée !
Noël ! Noël ! Jésus est né
Pour la Rédemption humaine,
Plus d'esclavage ni de haine,
Le Verbe Dieu s'est incarné !

A cette mystique allégresse,
Antithèse de ses douleurs,
Le chemineau, les yeux en pleurs,
Sur ses genoux meurtris s'affaisse,
Et de ses lèvres, que la foi,
Malgré le vent glacé, desserre,
Monte l'encens d'une prière
Vers le trône du divin Roi.

« Petit Noël, la nuit est froide
Et je n'ai bourse ni logis.
En le lieu triste où je gémis
Viens et ranime mon corps roide.
Je suis le gueux qu'ont repoussé
Ceux pour qui la misère est crime.
Je suis l'éternelle victime
Expiatoire du Passé.

Fais, ô Noël, que j'entrevoie
La douceur de vivre, et permets
Que je ne sois point à jamais
Sevré de toute humaine joie.

Viens, ô sublime justicier,
Au misérable qui t'invite,
Malgré qu'il n'ait pour ta visite,
Ni logis, ni feu, ni soulier. »

Le gueux se tait et sur la neige
Etend ses membres engourdis,
Cependant que du Paradis
Descend un lumineux cortège.
C'est Noël, qui, tandis qu'il dort,
Vient mettre à sa souffrance trêve
Et lui faire offrande en son rêve
Du Viatique de la Mort.

ENOCH, éditeur, boulevard des Italiens, 27.

CHANSON POUR MA MIE

A Louis Schneider.

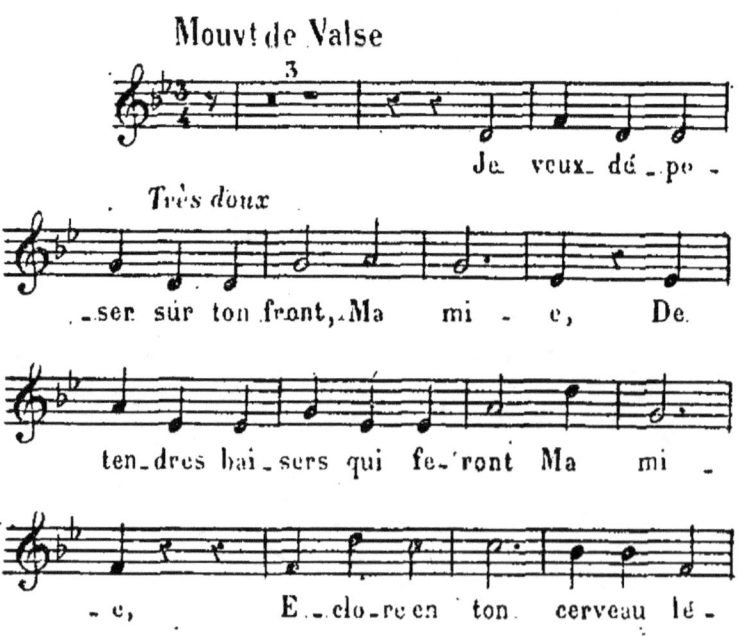

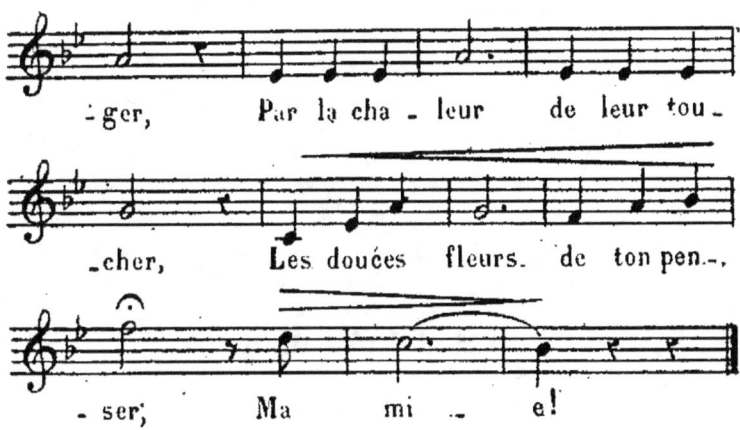

Je veux déposer sur ton front,
  Ma mie,
De tendres baisers qui feront,
  Ma mie,
Eclore en ton cerveau léger,
Par la chaleur de leur toucher.
Les douces fleurs de ton penser,
  Ma mie !

Je veux déposer sur tes yeux,
  Ma mie,
De longs baisers silencieux,
  Ma mie,
Pour que luise en leur firmament,
Sous cet exquis effleurement,
Un lascif étincellement,
  Ma mie !

Je veux sur tes lèvres poser,
Ma mie,
Mon plus dévotieux baiser,
Ma mie,
Dont la tièdeur fera germer
En ta bouche, pour les clamer,
Les syllabes du mot « aimer »,
Ma mie !

ENOCH et Cie, éditeur, boulevard des Italiens, 27.

GRIMACES

A Marcel Legay.

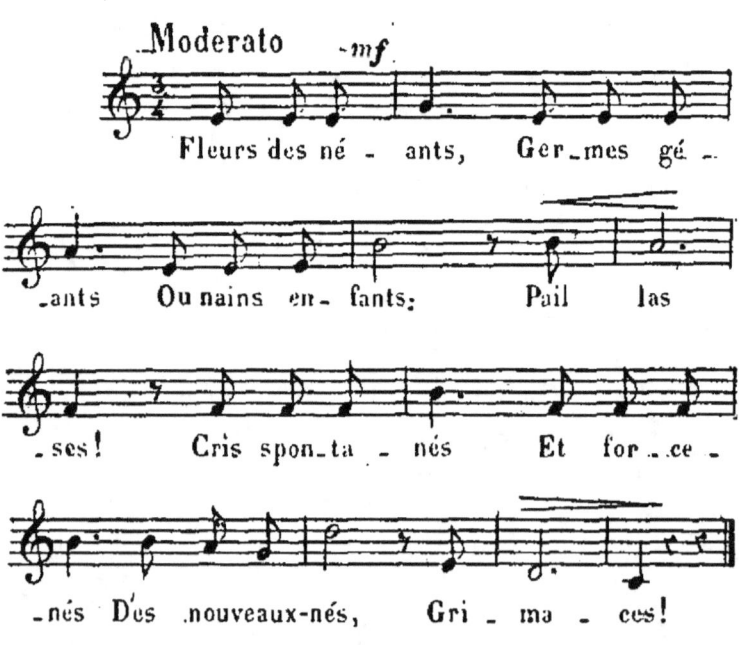

Fleurs des néants,
Germes géants
Ou nains enfants :
    Paillasses !
Cris spontanés
Et forcenés
Des nouveau-nés :
    Grimaces !

Amants, guerriers,
Durs justiciers,
Gros financiers :
    Paillasses !
Amour, fierté,
Gloire, équité
Et loyauté :
    Grimaces !

Républicains,
Chefs et scapins
Et mannequins :
    Paillasses !
Égalité,
Fraternité
Et liberté :
    Grimaces !

Ultramontains
Titrés hautains
Et puritains :
    Paillasses !
Austérité,
Et piété
Et charité :
    Grimaces !

Jeunes et vieux
De tous milieux
Et de tous lieux :
    Paillasses !

Tout ici-bas,
Du faîte au bas,
Vie et trépas :
Grimaces !

Reproduction autorisée par G. ONDET, éditeur, 83, faubourg Saint-Denis, Paris. — Prix pour chant seul, 0 fr. 35, avec accompagnement de piano, 1 fr.

CHANSON D'ÉTÉ

A Georges Tiercy.

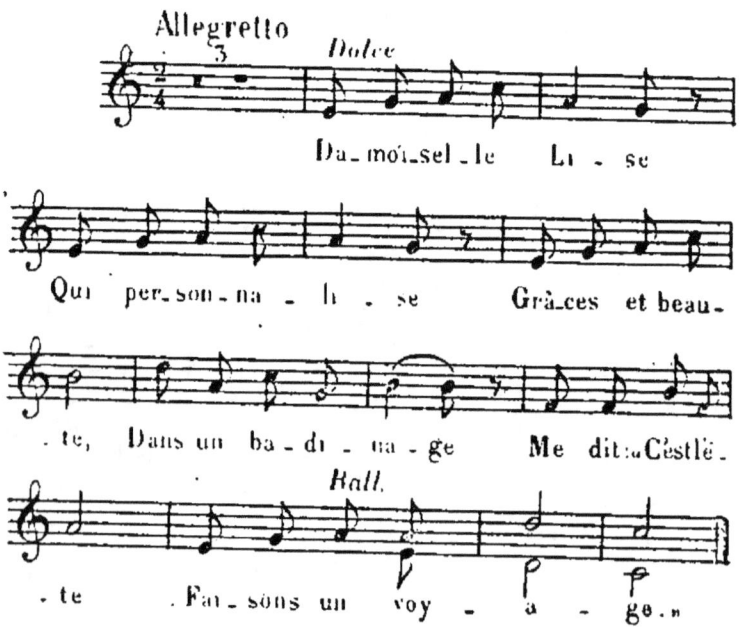

Damoiselle Lise,
Qui personnalise
Grâces et beauté,
Dans un badinage
Me dit : « C'est l'été
« Faisons un voyage. »

— « Perds-tu point la tête,
« Friponne Lisette,
« Où me crois-tu fou ?
« Tu sais bien, ma belle,
« Qu'il n'est plus un sou
« Dans mon escarcelle. »

Lise me fit taire :
« N'est pas nécessaire
« Immense trésor
« Pour cette aventure.
« N'ai-je point de l'or
« En ma chevelure ? »

— « Je n'ai pas, ô Lise,
La moindre valise. »
— « C'est futilité,
« Dit-elle, en voyage
« On prend la gaieté
« Pour simple bagage. »

Et quittant chemise
Avec gaillardise,
Vers son petit lit
M'entraîna la chère
Railleuse qui dit :
« Vogue la galère ! »

Et, sans plus attendre,
Elle fit entendre
Un rire égrillard :
— « Qu'est-ce donc, mignonne?
« — C'est pour le départ
« Mon rire qui sonne ! »

Sous la douce brise,
Vers la rive exquise
Je vogue à tâtons :
« Ces blanches tourelles
« Sous deux clochetons
« Que défendent-elles ?

— « Prends ces forteresses
« Avec des caresses,
« La route sera
« Bientôt achevée,
« Baiser sonnera
- Pour cette arrivée. »

Je pris l'offensive
Et gagnai la rive :
« Quel est ce séjour ? »
— « C'est, repartit Lise,
« Du pays d'amour
« La terre promise. »

MANUEL, éditeur, rue Joubert, 23.

LES MARIONNETTES

A Jules Mévisto.

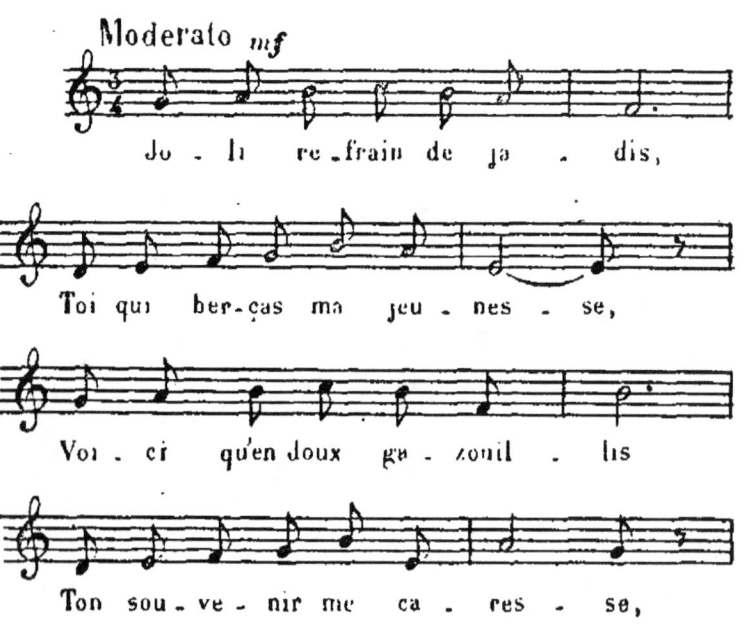

Joli refrain de jadis,
Toi qui berças ma jeunesse,
Voici qu'en doux gazouillis
Ton souvenir me caresse,

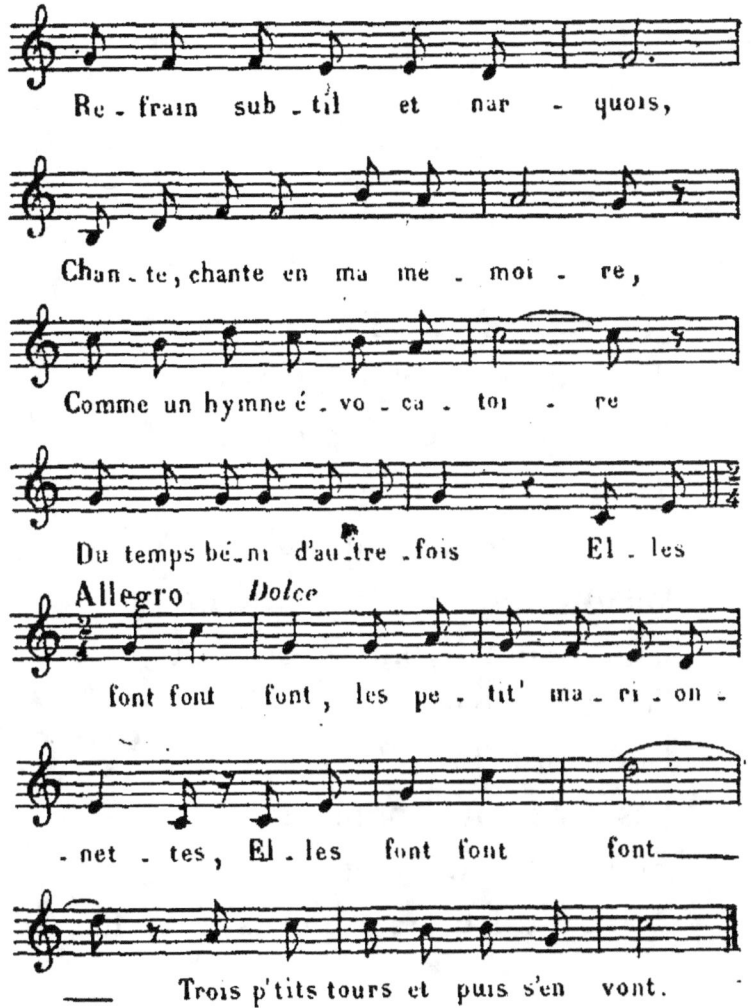

Joli refrain de jadis,
Toi qui berças ma jeunesse,
Voici qu'en doux gazouillis
Ton souvenir me caresse.
Refrain subtil et narquois,
Chante, chante en ma mémoire
Comme un hymne évocatoire
Du temps béni d'autrefois :
Elles font, font, font,
Les petites marionnettes,
Elles font, font, font,
Trois p'tits tours et puis s'en vont.

Las ! que l on en voit tourner
Des fantoches sur les scènes
Où les font tourbillonner
Quelques passions humaines ;

Car au théâtre d'amour,
Comme au théâtre de gloire,
C'est toujours la même histoire,
Du premier au dernier jour :
Elles font, font, font,
Les petites marionnettes,
Elles font, font, font,
Trois p'tits tours et puis s'en vont.

C'est au théâtre d'orgueil
Que le démon de l'Envie
Fait valser jusqu'au cercueil
Les grands pantins de la Vie ;
Et pour diriger ce bal
Où se réjouit maint pitre,
La Sottise est au pupitre,
De l'ouverture au final,
Elles font, font, font,
Les petites marionnettes,
Elles font, font, font,
Trois p'tits tours et puis s'en vont.

Quelle est la puissante main
Qui conduit l'humaine ronde ?
Quelle nuit verra la fin
Des farandoles du monde ?
Et quel fantoche géant
Pénétrera le mystère
Par qui, sur la vieille terre
Et sous l'archet du Néant,
Elles font, font, font,
Les petites marionnettes,
Elles font, font, font,
Trois p'tits tours et puis s'en vont.

Reproduction autorisée par G. ONDET, éditeur, 83, faubourg Saint-Denis, Paris. — Prix pour chant seul, 0 fr. 35. Avec accompagnement de piano, 1 fr. 35.

LES PARQUES

A Edmond Gros.

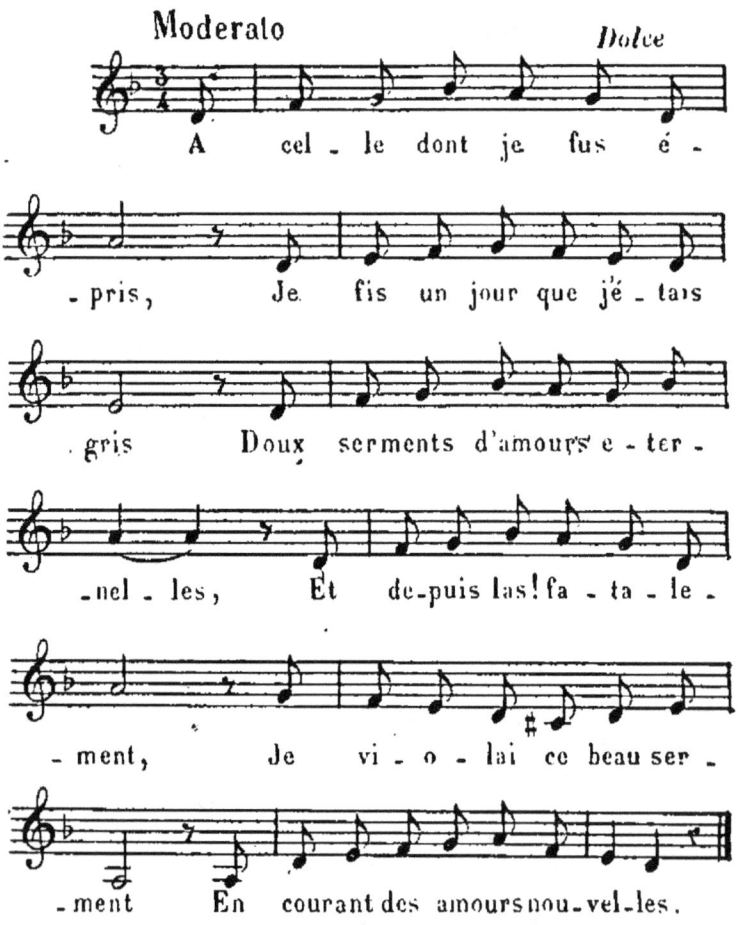

II.

A celle dont je fus épris,
Je fis, un jour que j'étais gris,
Doux serments d'amours éternelles ;
Et depuis, las ! fatalement
Je violai ce beau serment
En courant des amours nouvelles.

Pour celle dont je fus épris
Et qui n'a pas encor compris
Les énigmes de l'âme humaine,
Je composai cette chanson
Qui lui servira de leçon
Dans quelque passion prochaine.

O celle dont je fus épris,
N'as-tu point autrefois appris

Que trois déesses infernales :
Clotho, Lachésis, Atropos,
Filent et filent sans repos
De nos jours les trames fatales ?

O celle dont je fus épris,
Pour que tu chasses à tout prix
De ton cœur les peines secrètes,
Sache donc qu'il existe, hélas !
Trois Parques filant ici-bas
Les trames de nos amourettes !

O celle dont je fus épris,
Ce que j'avance je le pris
Au cours d'une émouvante fouille
Au puits profond du Souvenir.
L'une d'elles a nom : *Désir*,
Et tient en ses mains la quenouille !

O celle dont je fus épris,
Lors, voici ce que je surpris

En poussant plus loin mon étude :
Celle des Parques qui, sans bruit,
File, file le jour, la nuit
Porte ce doux nom : *Habitude*.

O celle dont je fus épris,
C'est une vieille aux traits flétris
Qui décide des brèves chaînes.
Cette Parque s'appelle : *Ennui*
Et des ciseaux porte celui
Qui tranche les amours humaines !

O celle dont je fus épris,
A d'autres, quand je serai gris,
Je ferai mon serment d'ivrogne.
En pourra-t-il être autrement,
Tant que ces Parques lentement
Peineront la même besogne !

Reproduction autorisée par G. ONDET, éditeur, 85, faubourg Saint-Denis, Paris. — Prix pour chant seul, o fr. 35. Avec accompagnement de piano, 1 fr.

N-I, NI, C'EST FINI

A Edmond Brebion.

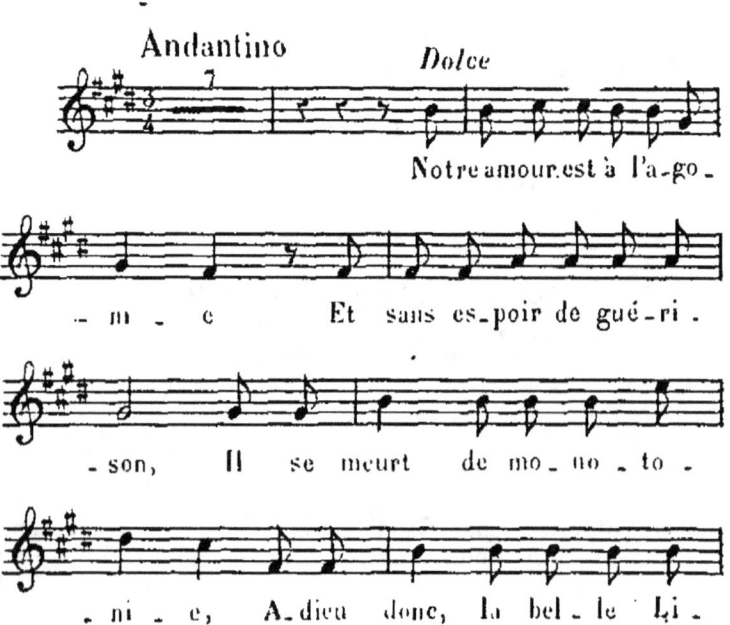

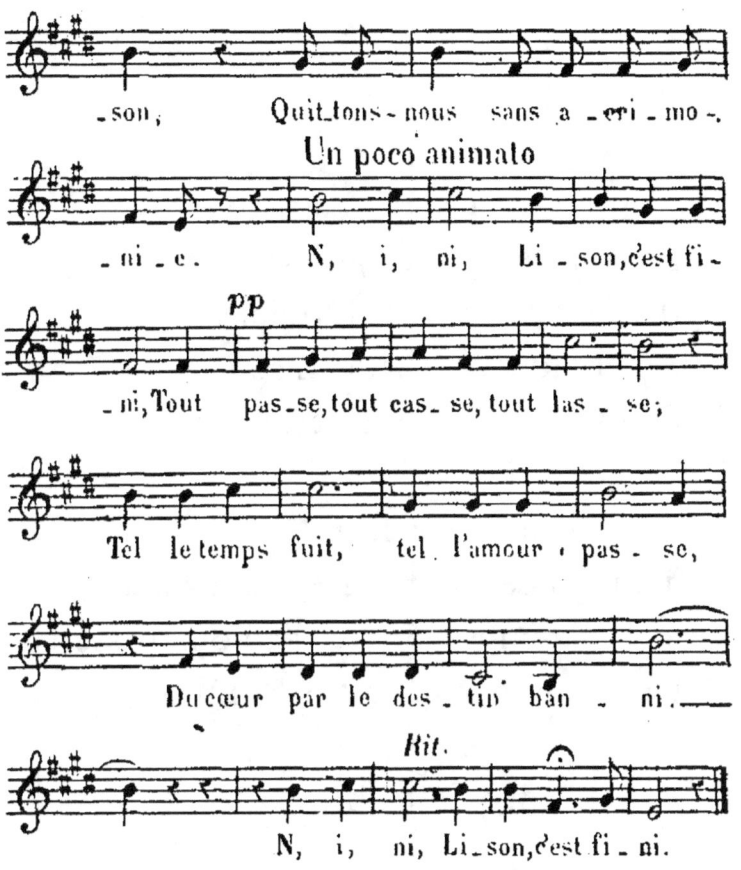

Notre amour est à l'agonie
Et, sans espoir de guérison,
Il se meurt de monotonie.
Adieu donc, la belle Lison,
Quittons-nous sans acrimonie.
    N-i, ni,
  Lison, c'est fini.
Tout passe, tout casse, tout lasse ;
Tel le temps fuit, tel l'amour passe,
Du cœur par le destin banni.
    N-i, ni,
  Lison, c'est fini.

L'amour, vois-tu, mignonne Lise,
Est la coupe où le gai viveur
Boit la volupté qui le grise ;
Et tu sais que le vrai buveur
Boit d'un trait son verre et le brise
    N-i, ni,
  Lison, c'est fini,

Tout casse, tout lasse, tout passe;
Comme verre l'amour se casse,
S'éparpillant à l'infini.
    N-i, ni,
  Lison, c'est fini.

L'amourette par nous choisie,
Pour notre cœur fut un hochet
Qui lui plut par sa poésie;
Aujourd'hui c'est un vieil objet
Qui choque notre fantaisie.
    N-i, ni,
  Lison, c'est fini,
Tout lasse, tout passe, tout casse;
Notre amour, ma chère, nous lasse
Comme un jouet vieilli, terni.
    N-i, ni,
  Lison, c'est fini.

LANGLOIS, éditeur. rue des Petits-Champs, 48.

LES RÉSIGNÉS

A Georges Vanor.

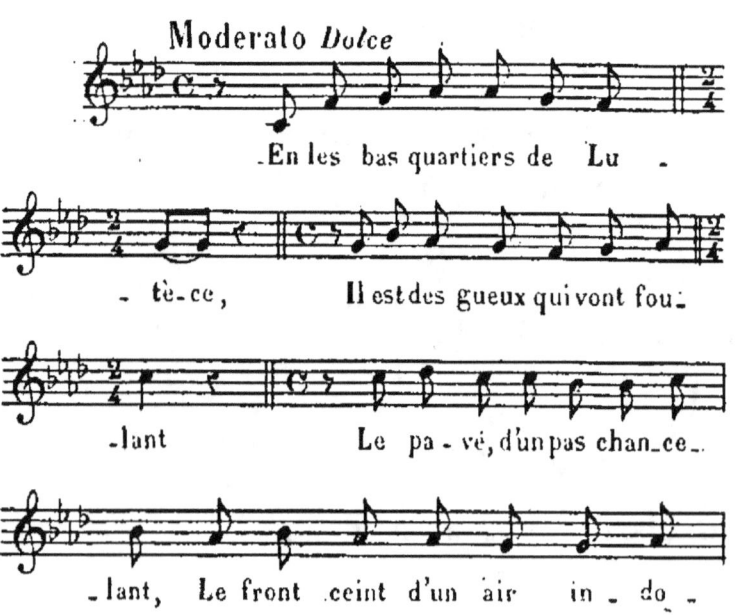

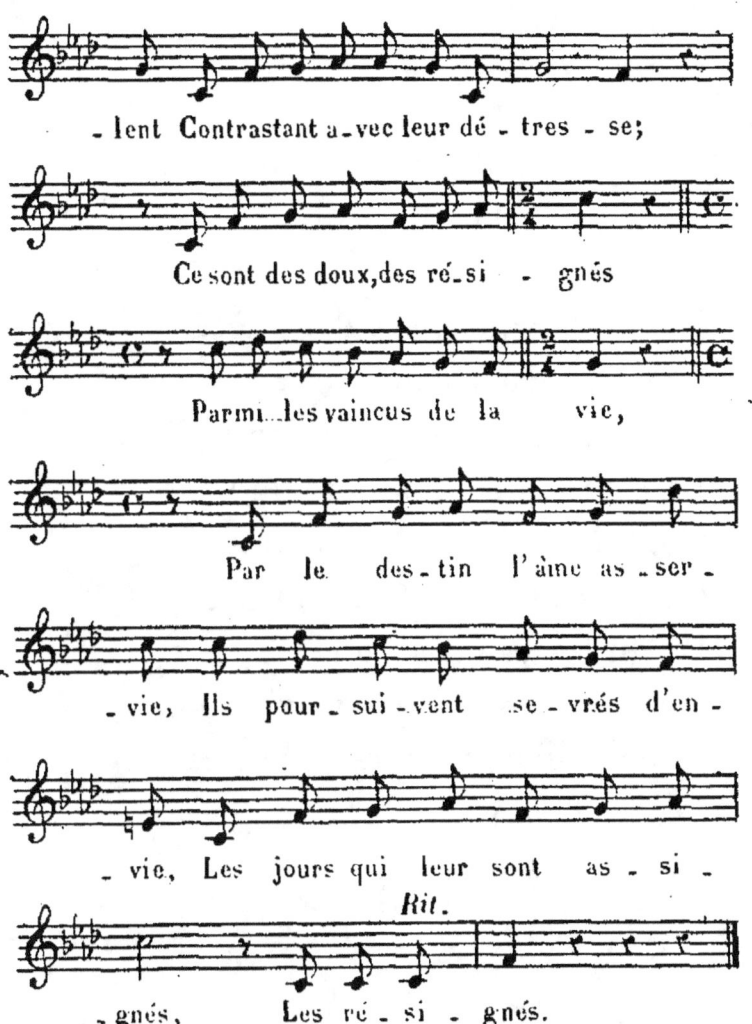

En les bas quartiers de Lutèce,
Il est des gueux qui vont foulant
Le pavé d'un pas chancelant,
Le front ceint d'un air indolent
Contrastant avec leur détresse ;
Ce sont des doux, des résignés.
Parmi les vaincus de la vie,
Par le destin l'âme asservie,
Ils poursuivent, sevrés d'envie,
Les jours qui leur sont assignés,
  Les résignés !

Indifférents à toutes choses,
Ne tendant même pas la main,
Ils vont sans souci de demain,
Comme si le désert humain
Célait des oasis de roses ;

Par l'abrutissement gagnés,
Ils subissent revers, sévices,
Hontes, affronts, peines, supplices,
Toutes les pires injustices,
Sans moindrement être indignés,
  Les Résignés,

Pauvres gens au cerveau débile,
Aux appétits neutralisés,
Sous l'œil froid des civilisés
Reposez vos membres brisés
Sur le pavé de la grand'ville.
Las ! tant que seront alignés,
Comme d'infécondes semailles,
De grands mots creux sur nos murailles,
Vous ne serez en nos batailles
Que d'immuables dédaignés,
  O Résignés.

Mais quand naîtra l'aurore blonde
Du jour où, lassés d'avoir faim,
Vous revendiquerez enfin
Votre juste part au butin
Des plaisirs et splendeurs du monde,

Par les révoltes empoignés,
Vous frapperez en vos colères
Tous les fauteurs de vos misères
Et courtiserez les chimères
Dont vos esprits sont imprégnés,
    O Résignés !

Reproduction autorisée par G. ONDET, éditeur, 83, faubourg Saint-Denis, Paris. — Prix pour chant seul, o fr. 35. Avec accompagnement de piano, 1 fr.

LENDEMAINS

A François Trombert.

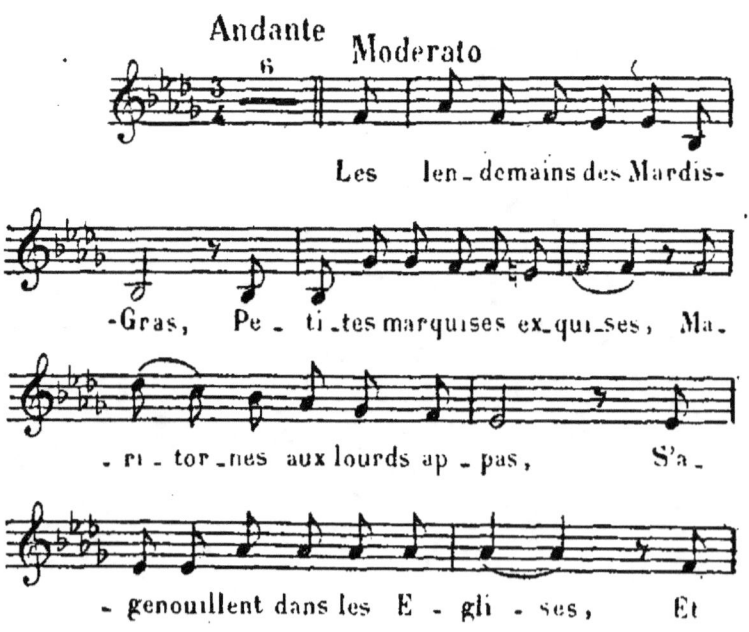

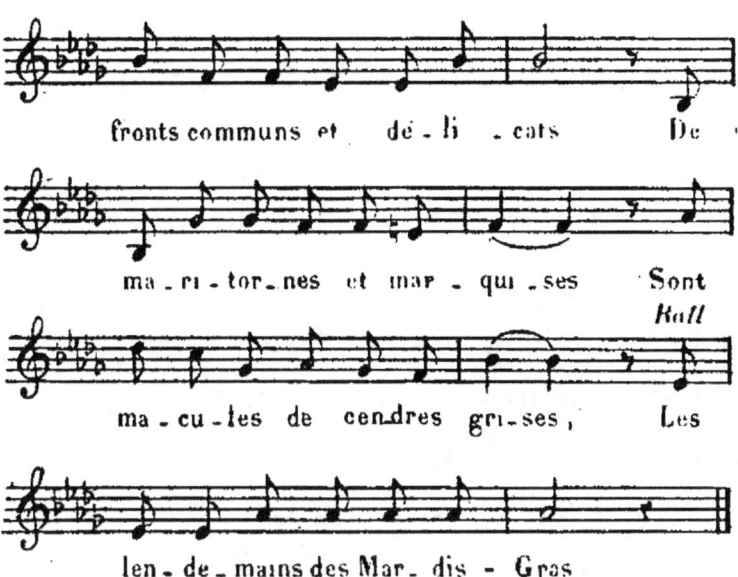

Les lendemains des Mardis-Gras,
Petites marquises exquises,
Maritornes aux lourds appas,
S'agenouillent dans les Églises;
Et fronts communs et délicats
De maritornes et marquises
Sont maculés de cendres grises,
Les lendemains des Mardis-Gras.

Les lendemains des jeunes ans,
La maritorne et la marquise
Se prosternent devant le Temps,
Vieux prêtre qui les catéchise;
Et le Temps de ses doigts puissants,
Sur leurs cheveux verse à sa guise
Ou cendre blanche ou cendre grise,
Les lendemains des jeunes ans.

Les lendemains des grands malheurs,
La maritorne et la marquise
Font offrande de leurs douleurs
A l'Oubli qui les thésaurise ;
Et l'Oubli dépose en leurs cœurs,
Comme un baume qui cicatrise,
En lit épais sa cendre grise,
Les lendemains des grands malheurs.

LAURENS, éditeur, rue Richelieu, 18.

FÊTE DES MORTS

A Maurice Lefèvre.

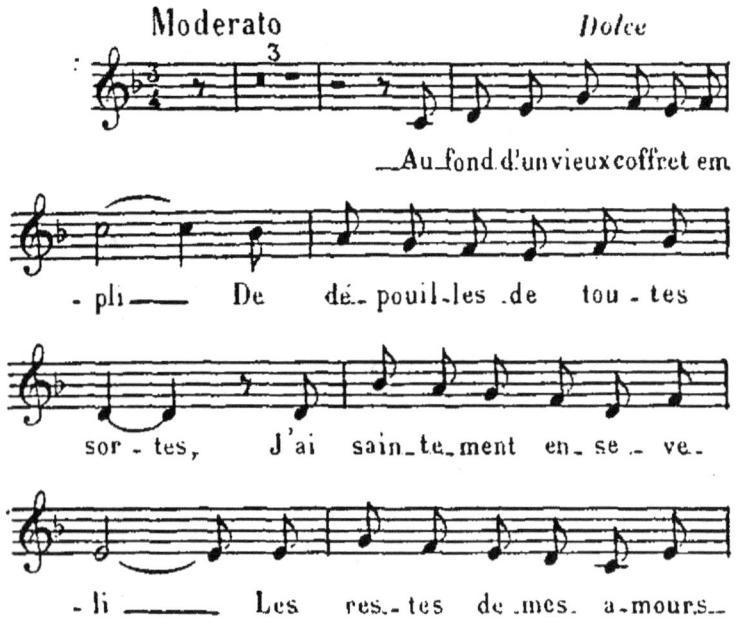

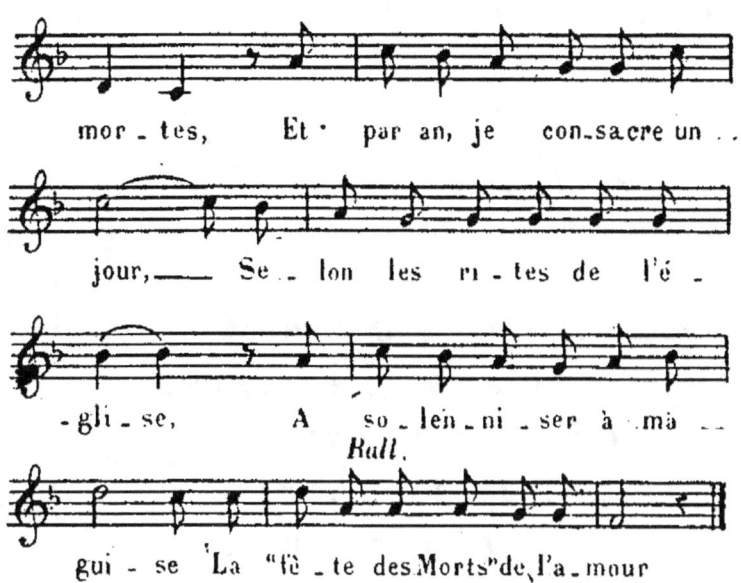

Fête des Morts

Au fond d'un vieux coffret empli
De dépouilles de toutes sortes,
J'ai saintement enseveli
Les restes de mes amours mortes,
Et par an, je consacre un jour,
Selon les rites de l'église,
A solenniser à ma guise
La « fête des Morts » de l'amour.

Et solitaire en mon logis,
Devant mon vieux coffret que j'ouvre,
Tombeau des amoureux débris,
Pieusement je me découvre ;
Puis, de mes pleurs prompts à jaillir,
Dévotieusement j'arrose
L'étroite fosse où je dépose
Les pâles fleurs du souvenir.

Hier, j'ai rempli ce doux devoir
Et j'ai vu dans leur sépulture,
Le plus vieux blanc, le moins vieux noir,
Deux gants de petite pointure;
Et tristement j'ai revécu,
En quelques trop brèves minutes,
Tout un temps d'amoureuses luttes
Où l'amour est tombé vaincu.

Et le gant blanc m'a rappelé
L'aube blanche de la journée
Où les sens pris, le cœur troublé,
La plus chère à moi s'est donnée.
Et, chose étrange, il m'a semblé
Que la main de cette maîtresse,
Frôlait, frôlait d'une caresse
Mon visage de pleurs voilé.

Et le gant noir m'a rappelé
La nuit, où prenant sa volée,
Les sens brisés, le cœur brûlé,
La plus chère s'en est allée.

Et, chose étrange, il m'a semblé
Que la main de cette maîtresse,
Comme en des griffes de tigresse,
Broyait mon cœur inconsolé.

Et j'ai fermé mon vieux coffret
Plein des reliques des absentes,
Songeant que tout est fait, défait,
Par d'autres mains toutes-puissantes,
Les mains pesantes des destins,
Tantôt douces, tantôt cruelles,
Qui tirent, cassent les ficelles
Dont les hommes sont les pantins.

MANUEL, éditeur, rue Joubert, 33..

NOËL DE PIERROT

A Edmond Lepelletier.

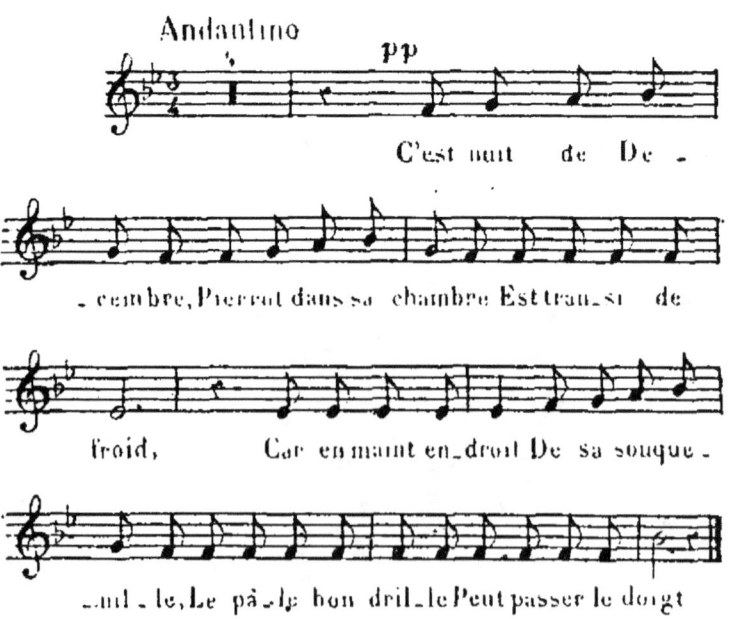

C'est nuit de décembre,
Pierrot dans sa chambre
Est transi de froid ;
Car en maint endroit
De sa souquenille,
Le pâle bon drille
Peut passer le doigt.

Ni flamme qui brille,
Ni bois qui pétille ;
Vide est le chenet,
Vide est le gousset
Et vide est la panse
De Pierrot qui danse
Devant le buffet.

Et Pierrot rumine
Que qui rêve dîne,
De bon appétit,
Chez l'hôte Crédit ;
Et Pierrot se couche,
Dort comme une souche,
Au creux de son lit.

De leurs triples croches
Voilà que des cloches
Font vibrer le ciel.
A leur clair appel
Pierrot se réveille
Et prête l'oreille :
Noël, c'est Noël !

Noël ! clament-elles
Aux croyants fidèles,
En route au Saint-lieu
Pour adorer Dieu.
Noël ! c'est la joie !
Noël ! qu'on festoie !
Et qu'on prie un peu !

Et dans sa débine,
Fait la grise mine
A ce carillon,
Pierrot sans billon
Qui se désespère
De ne pouvoir faire
Moindre réveillon.

Carillon s'achève.
Lors Pierrot se lève,
Enfile ses bas,
Et sans embarras
Court chez sa voisine,
Gente Colombine,
Lui chanter tout bas :

« Ma chandelle est morte.
Ouvre-moi ta porte,
Je n'ai plus de feu
Et pas même un peü
De bois qui charbonne;
Ouvre-moi, mignonne,
Pour l'amour de Dieu. »

Lors la jouvencelle,
Bonne autant que belle,
Ouvre sans façon
Au pauvre garçon,
Qui rend grâce et chante
D'une voix touchante
Cette autre chanson :

« Si tu veux, ma chère,
Comme je vais faire
Un réveillon fin ;
Mais pour ce festin,
Quitte collerette,
Jupon, chemisette,
Souliers de satin.

Puis que je m'attable
A ton lit pour table
Et de ton corps blanc,
De la tête au flanc,
Qu'en chaque fossette
Longtemps je béquète
Comme un moineau franc.

Et que de ta bouche
Ma lèvre débouche
Le flacon divin
D'où coule le vin
De la paillardise,
Et que je me grise
Comme un libertin

Avant la dînée,
Sous la cheminée
Mets d'un air dévot
Ton petit sabot ;
Que Noël y vienne
Placer pour étrenne
Le cœur de Pierrot !

MANUEL, éditeur, rue Joubert, 33.

LES MOINEAUX DU LUXEMBOURG

A Henri Bouillon.

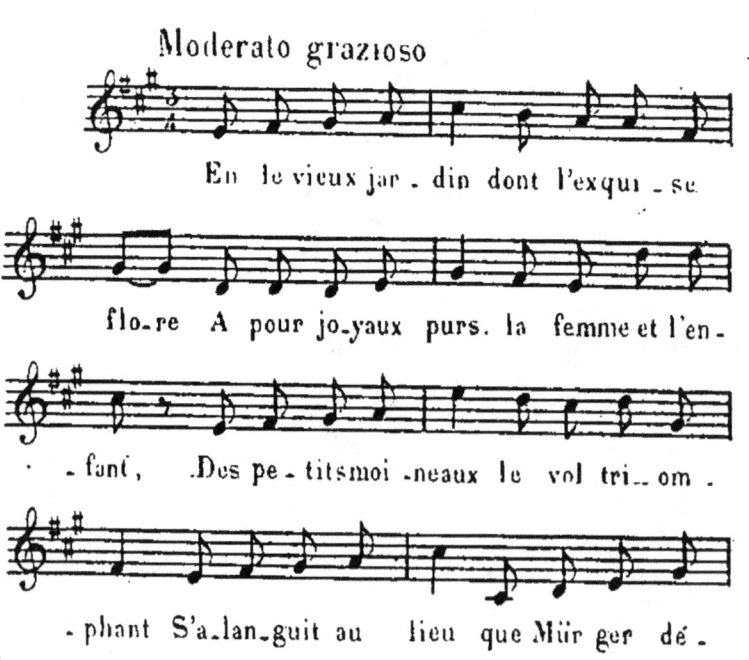

Moderato grazioso

En le vieux jar-din dont l'exqui-se flo-re A pour jo-yaux purs. la femme et l'en-fant, Des pe-tits moi-neaux le vol tri-om-phant S'a-lan-guit au lieu que Mür-ger dé-

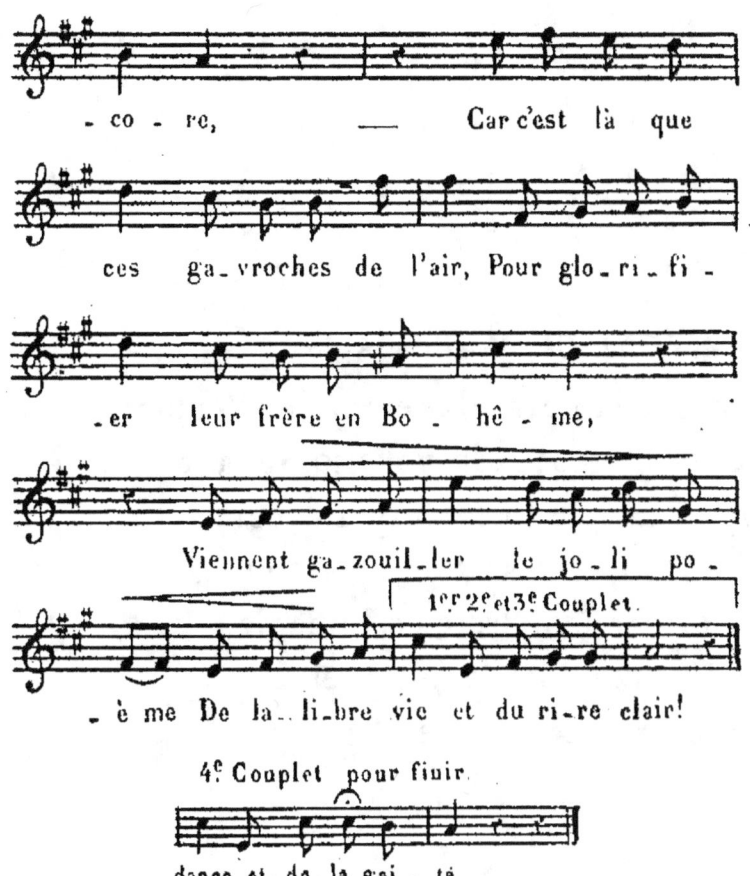

Les Moineaux du Luxembourg

En le vieux jardin dont l'exquise flore
A pour joyaux purs : la femme et l'enfant,
Des petits moineaux le vol triomphant
S'alanguit au lieu que Murger décore ;
Car c'est là que ces gavroches de l'air,
Pour glorifier leur frère en Bohême,
Viennent gazouiller le joli poème
De la libre vie et du rire clair !

Et le bon Murger, à ce bruit de lyre,
Laisse de ses yeux, à demi voilés,
Tomber sur ces gais bohèmes ailés
Un regard discret, doux comme un sourire.
Y perçoit-il donc un écho lointain
Des éclats rieurs de quelque grisette,
Ou bien la chanson morte de Musette
Qui revient bercer son sommeil d'airain ?

Gazouillez, moineaux, pour le cher poète
Qui chanta Jeunesse, Amour et Beauté,
Sur le luth d'argent par Phébus prêté
Aux bardes joyeux de l'humaine fête ;
Pierrots, gazouillez pour ce vieil ami
Dont l'âme accordée, au *LA* des folies,
Vibra sous l'archet des mélancolies
Lorsqu'il célébra la mort de Mimi !

Lancez librement vos superbes odes
En le vieux jardin où, par votre voix,
S'arrêtent charmés manants et bourgeois,
Jolis moineaux francs, merveilleux rapsodes.
En ce siècle abject de servilité,
Vous êtes les seuls vrais fils de Bohême
Chantant fièrement le divin poème
De l'indépendance et de la gaîté !

LE TESTAMENT DE PIERROT

A Georges Vague.

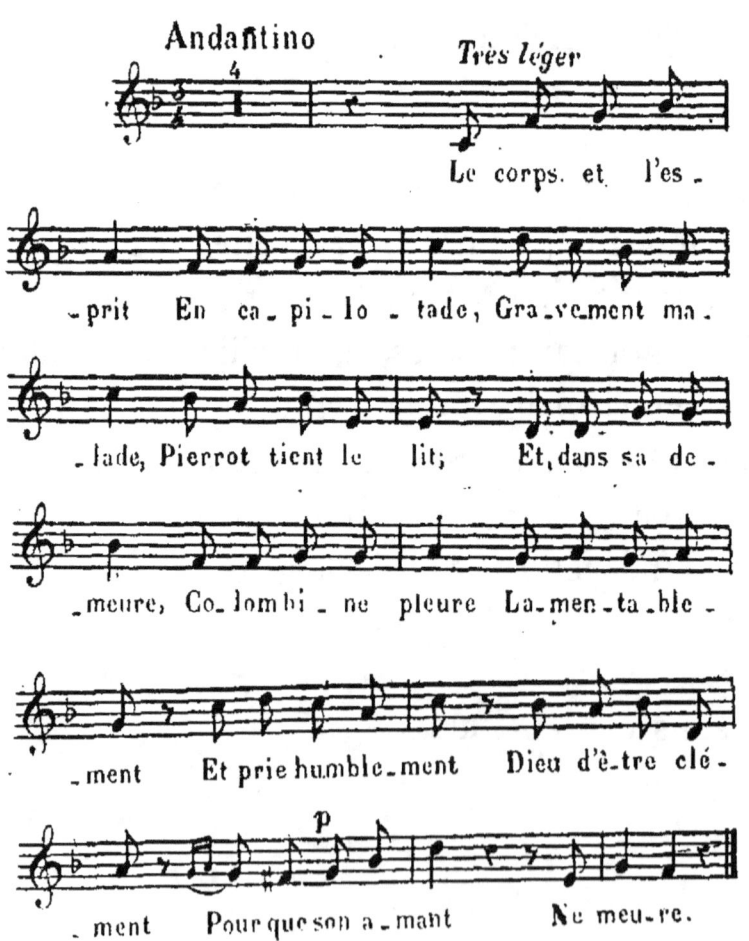

Le corps et l'esprit
En capilotade,
Gravement malade,
Pierrot tient le lit;
Et, dans sa demeure,
Colombine pleure
Lamentablement
Et prie humblement
Dieu d'être clément
Pour que son amant
    Ne meure.

Lors, un rayon blanc
De lune blafarde
Jette en la mansarde
Un éclat troublant;
Et Pierrot, qu'excite
L'albe trait, s'irrite

D'être en l'impouvoir
De mieux recevoir
Tanit qui, ce soir,
Lui fait, par devoir,
    Visite,

Et pauvre Pierrot
Que la mort tourmente,
Dicte à son amante
Cet ultime mot :
« Je, Pierrot, rétracte,
Par le présent acte,
Autre testament,
Ce seul document
De mes vœux formant
La teneur vraiment
    Exacte.

A mes créanciers,
Je lègue mes dettes
Avec les sornettes
De pas mal d'huissiers ;

Aux gens de justice,
Ma très protectrice
Farine de choix
Qui pourra, je crois,
Blanchir maintes fois
L'âme de ces rois
    Du vice

Aux gens de bon ton
Et haute noblesse,
A ma mort je laisse
En précieux don :
Masque de croyance,
Masques d'indulgence
Et d'humanité ;
Gens de qualité
N'ont, en vérité,
D'aucune bonté
    L'essence.

Aux rimeurs errants
Je lègue et confie
Mon arme : ironie
Pour cingler les grands;

Au frère qui traîne
Et misère et peine
Par villes et champs,
Je donne mes chants
Dont les airs touchants
Calment des méchants
    La haine.

Je laisse mon cœur
A Colombinette,
Tant que la pauvrette
N'aura cœur meilleur.
J'approuve et je signe :
« Pierrot. » — Et très digne,
Le mourant pâlot,
A ce dernier mot,
Renvoie au Très-Haut
Son âme et son lot
    De guigne.

Lors des rayons blancs
Jetés par Lucine
Frôlent Colombine
En zigzags tremblants ;

Et la gente brune,
En son infortune
Levant ses doux yeux,
Voit l'âme du gueux
Monter vers les cieux
Sur des rais neigeux
De lune.

CHANSON DES GLAS

A Madame Marguerite Olagnier.

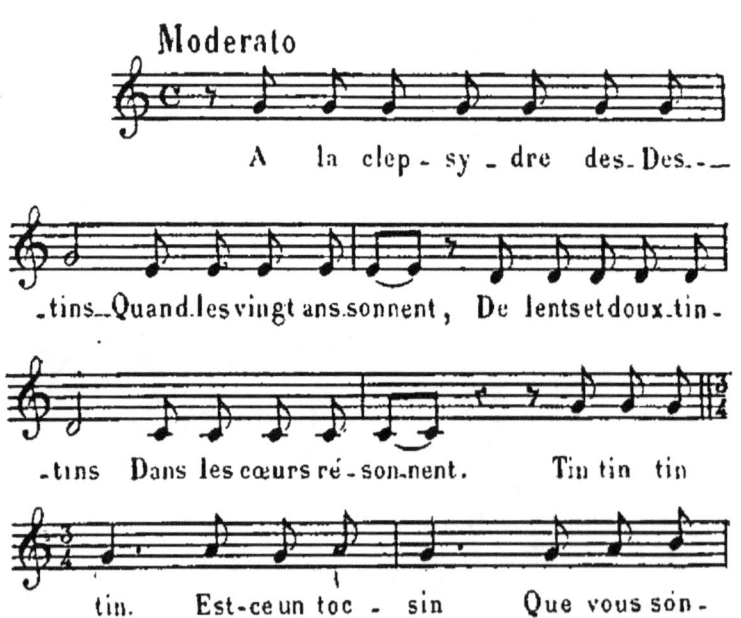

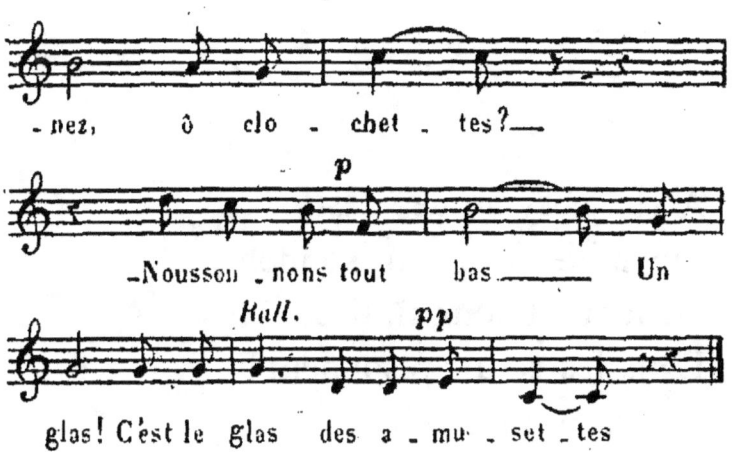

A la clepsydre des destins
Quand les vingt ans sonnent,
De lents et doux tintins
Dans les cœurs résonnent !
    Tin-tin-tin-tin,
    Est-ce un toscin
Que vous sonnez, ô clochettes ?
— Nous sonnons, tout bas,
      Un glas !
C'est le glas des amusettes !

A la clepsydre des destins
Quand les trente ans sonnent,
De lents et doux tintins
Dans les cœurs résonnent !
    Tin-tin-tin-tin,
    Est-ce un toscin
Que vous sonnez, ô clochettes ?
— Nous sonnons, tout bas,
      Un glas !
C'est le glas des amourettes !

A la clepsydre des destins
Quand les vieux ans sonnent,
De lents et doux tintins
Dans les cœurs résonnent !
    Tin-tin-tin-tin,
    Est-ce un tocsin
Que vous sonnez, ô clochettes?
— Nous sonnons, tout bas,
    Un glas !
Le glas des humaines fêtes !

A la clepsydre des destins
Si mes vieux ans sonnent
Que toujours gais tintins
Dans mon cœur résonnent !
    Tin-tin-tin-tin,
    Pas de tocsin,
Mais un réveillon, clochettes,
    Et ne sonnez pas
    Le glas,
Le glas de mes chansonnettes !

TABLE DES MATIÈRES

Préface.	1
Les Chimères.	1
Chanson pour l'Aimée	5
Thuriféraires	11
Au gui l'an neuf.	19
Les Ruines	23
Berceuse	27
Chanson des bibelots.	31
Epiphanie.	35
Chanson en l'honneur du vin	41
Droit d'asile.	45
Grisettes	49
Carnaval	55
Chanson paillarde	59
Chanson du cœur	63

Cendres.	67
Hanneton, vole, vole, vole	71
Pour blondes et brunes	75
Chanson du champagne.	80
Chanson des larmes.	85
Mi-Carême	89
Chanson galante.	94
Fumée	99
Badinage	101
Pâques.	107
Chanson de la pluie.	113
Holocauste	117
Pentecôte.	121
Celui que j'aime.	127
Problèmes	131
Chalands et péniches	133
Madrigal pastiche.	137
Chanson des portraits.	141
Les papillons	147
Madrigal	149
Les grotesques.	151
Pèlerinage.	157
Noël du gueux	163
Chanson pour ma mie.	169
Grimaces.	173
Chanson d'été.	177
Les Marionnettes	183
Les Parques.	189
N-i, ni, c'est fini.	193
Les Résignés	197
Lendemains.	203

Fête des Morts	207
Noël de Pierrot	213
Les Moineaux du Luxembourg	219
Le Testament de Pierrot	223
Chanson des Glas	229

ÉVREUX, IMPRIMERIE DE CHARLES HÉRISSEY

www.ingramcontent.com/pod-product-compliance
Lightning Source LLC
Chambersburg PA
CBHW052247220526
45471CB00001B/220